〈講演録〉

医事法学へのまなざし

生命倫理との
コラボレーション

甲斐克則

は し が き

　学術研究で得られた成果を社会に還元するには、いくつかの方法
があります。講演会やシンポジウムの場で口頭により成果を簡潔に
述べる方法も、そのうちの１つです。これまで私は、300回を超え
る講演を行ってきました。聴衆の方々を前に口頭で自己の研究成果
を分かりやすく述べることは、相手が学生であれ、専門家であれ、
一般の方であれ、実に楽しいことです。ただ、記録に残しておかな
いと、その場に参加した人にしか言いたいことが伝わりません。い
くつかの講演は、これまで公刊した著書に収めたものもありますが、
それは少数です。記録に残っていないものも、かなりあります。そ
こで、今回、2006年から2016年までの講演のうち、反訳したうえで
記録に収められたもの、およびまだ収められていないもののうち、
医事法と生命倫理に関係するもの８編を精選して、加筆・修正し、
『〈講演録〉医事法学へのまなざし──生命倫理とのコラボレーション』
と題して刊行することになりました。それには、次のような３つの
理由があります。

　第１に、私の専門は、刑法、医事法、生命倫理ですが、「二刀流」
ならぬ「三刀流」を40年間ほど駆使してきた経験から、それぞれの
分野の役割分担と相互の関連性が、ようやく最近になって分かって
きました。例えば、刑法では過失犯の研究との関連で医療事故の処
理の研究を行い、さらには医事法上の医療安全の確保に向けた研究
にそれを繋げ、生殖医療や再生医療の分野、さらには終末期医療の
分野では、規制のあり方について、刑法のみならず、医事法上の問
題と生命倫理との関係を考えながら研究してきました。問題解決に

はしがき

向けて、これらの分野を有機的に関連付けて研究をしないと発展性がない、と思うようになりました。本書には、その点について私が伝えたいことが多く盛り込まれています。

　第2に、私は、日本医事法学会代表理事（第5代目）を2009年11月から2015年11月までの2期6年間、日本生命倫理学会代表理事（会長：第8代目）を2014年12月から2017年12月までの1期3年間にわたり務めました。両方の学会に対しても思い入れが強いものがありますが、何よりも両方の学会の代表を務め、しかも2014年12月から2015年11月までの1年間については同時に務めるという稀有な体験をしました。前例がないことでしたが、何とか周囲の方々のご支援で任務を全うすることができたことから、日本の医事法学にまなざしを注ぎつつ、日本の生命倫理学とのコラボレーションの必要性を説きたい、と考えました。それが、両方の学会への恩返しになるのではないか、と考えました。世界の潮流は、医事法・生命倫理という形で一緒に議論することが多いのですが、日本では、まだ両者の関係は、隔たりがあるように思います。

　第3に、私の講演を聞いていただいた方々、あるいはその機会を逃したけれどもその内容にライブ感覚で触れたい方々に、改めて講演録をお届けし、臨場感を味わっていただき、医事法と生命倫理に関心をもっていたただきたい、と考えました。幸いなことに、ほぼ毎回、会場が満員またはそれに近い状況の中で講演できたことは、実にありがたいことでした。聴衆の方々の熱心な眼差しが今も脳裏に蘇ってきます。

　以上の理由で本書を刊行するわけですが、各章の講演の背景を若干のべておいたほうが、理解に役立つかもしれません。

第1章「医事法と生命倫理の交錯——唄孝一の『ELMの森』を歩

iv

く」は、2015年6月27日に明治大学駿河台キャンパス・グローバルフロントで開催された明治大学ELM（法・医・倫理の資料館）開館記念講演会・記念シンポジウムにおいて、基調講演として論じたものです（同館の記録集に掲載）。本文でも述べているように、医事法の碩学であられた唄孝一先生の視野の広さと深さに思いを馳せながら、生命倫理と医事法と医療の相互の関係、とりわけそれぞれのコラボレーションの重要性を意識しつつ、医事法と生命倫理の交錯について述べました。唄先生と私の個人的関係なども盛り込みましたので、背景がリアルに理解できるかもしれません。当日は、生命倫理の大家であられる木村利人先生（早稲田大学名誉教授）とご一緒に基調講演ができたことは、名誉なことでした。企画段階からお世話いただいた明治大学ELM館の間宮勇先生、鈴木利廣先生、そして小西知世先生に、この場をお借りして御礼申し上げます。明治大学ELM館の今後のご発展を祈念しています。

　第2章「大震災と人権問題」は、2011年11月15日に奈良県立医科大学厳橿会館3階大ホールで開催された奈良県大学人権教育研究協議会秋季講演会において基調講演として論じたものです（同協議会研究報告第7集(2012年)に掲載）。これは、2011年3月11日に発生した東日本大震災の直後であっただけに、使命感に駆られて医事法と生命倫理のコラボレーションの観点から、大震災で医事法ないし生命倫理に何ができるか、ということを念頭において語りかけたものであり、当時の日本生命倫理学会代表理事(会長)であられた木村利人先生の問題意識に触発された部分が大きかった、と思います。しかし、内容は、必ずしも十分なものではなく、今後も考え続けたい課題です。

　第3章「尊厳死問題の法理と倫理」は、2007年11月16日に愛知学院大学で開催された同大学宗教法制研究所主催の講演会で論じたも

v

のです（愛知学院大学宗教法制研究所紀要49号（2009年）に掲載）。終末期医療の問題については、本書の第4章で最近の動向を論じていますので、そちらも参照してください。本章では、2007年段階までの議論を中心に、医事法および刑法と生命倫理との関係を意識して述べています。当日は、宗教法制研究所所長の服部朗先生にお世話になりました。また、杉本一敏先生（現在は早稲田大学法科大学院の同僚）には、小野清一郎先生が寄贈された「小野文庫」を案内していただき、刺激を受けました。両先生にこの場をお借りして感謝申し上げます。なお、この題目では、これ以外の講演でも相当回数取り上げたことがありますが、ここではその講演名は割愛させていただきます。

第4章「日本における終末期医療をめぐる法と倫理」は、2016年5月9日に鹿児島大学法文学部での法学会主催の講演会において、また、ほぼ同じ内容で、2017年9月18日に中国の南京市にある東南大学法学院において行った招待講演で述べたものです。演題は両大学で若干異なりますが、今回、若干の修正を加えて、この題目に統一しました。さらに、日本集中治療医学会の終末期医療における臨床倫理問題に関する教育講座（2011年9月17日：東京医科歯科大学医学部附属病院、2012年10月13日：同病院、2013年8月18日：東京医科大学）でも、情報内容に若干の変化はあるものの、概ねこの内容で講演しました。いずれも熱心な参加者ばかりで、質疑応答を通じて、私も勉強になりました。お世話いただいた門下生である鹿児島大学の上原大祐准教授、東南大学の劉建利副教授、日本集中治療医学会の氏家良人先生（岡山大学教授）には、この場をお借りして御礼申し上げます。なお、関連題目として、2011年6月28日には立命館大学において同大学法学会主催の春季学術講演会で講演したほか、各種の医学会等でも数多く講演しましたが、詳細は割愛させていただ

きます。

　第5章「人工妊娠中絶と生殖医療——医事法・生命倫理の観点から」は、2012年3月20日に金沢大学の石川四高記念文化交流館で開催された「生殖テクノロジーとヘルスケアを考える研究会」主催の公開講演会において論じたものです（同研究会の報告書(2012年)掲載）。この研究会は、金沢大学医学部の日比野由利先生が中心となって活動されている研究会であり、相当な実績を上げておられ、当日も、満員の会場は熱気に溢れていたこと、そして質問が次々と出されたことを思い出します。副題が示すとおり、医事法と生命倫理の観点から人工妊娠中絶と生殖医療の問題をかなり掘り下げてお話しすることができました。お世話いただいた日比野由利先生には、この場をお借りして感謝申し上げます。

　第6章「ES細胞・iPS細胞の研究推進をめぐる法的・倫理的課題」は、2012年1月21日に早稲田大学27号館小野記念講堂で開催された早稲田大学知的財産拠点形成研究所主催の文理融合シンポジウム「ES細胞、iPS細胞の研究推進と法的・知的財産法的問題点」で講演したものです（高林龍＝三村量一＝竹中俊子編『年報知的財産法2012』（日本評論社、2012年）掲載）。当日は、最先端の問題について学内外の多様な専門家5名が会して実に有益な議論ができました。パネルディスカッションも盛況でした。再生医療の中でも最先端の問題に法的・倫理的にどう取り組むべきか、について考える契機になりました。当日司会等でお世話になった早稲田大学法学学術院の高林龍先生にこの場をお借りして特に御礼申し上げます。

　第7章「医療事故の届出義務と医療事故防止——医師法21条の問題点と法改正への提言」は、2006年5月27日に名古屋市の「ウィルあいち」大会議室で開催された医療事故情報センター主催の10周年記念シンポジウム「不審な死をどう裁く」で講演したものです。当

はしがき

日は、私のほかに、厚生労働省でモデル事業を担当されていた田原克志氏と医療事故調査・医療安全を研究されている畑中綾子氏と共に講演をし、後半でパネルディスカッションを行いました。医療事故の届出義務をめぐり質疑応答が活発であったことをよく覚えていますが、私が医療安全の研究にのめり込む契機となったシンポジウムでした。当日お世話いただいた医療事故情報センターの理事長であられた弁護士の柴田義朗先生、同じく弁護士の棚瀬誠先生と加藤良夫先生にこの場をお借りして御礼申し上げます。なお、この題目では、これ以外の講演でも相当回数取り上げたことがありますが、ここではその講演名は割愛させていただきます。

　第8章「持続可能な医療安全確保に向けた制度構築──広島医療社会科学研究センターに期待される役割」は、2016年6月25日に開催された「広島医療社会科学研究センター」開設記念シンポジウム「現代医療と社会科学の役割」の基調講演で述べたものです（未公刊）。海上保安大学校に7年間、そして広島大学には13年間在籍していた関係上、20年間の広島での生活が体と脳に浸み込んでいるため、講演でも、医療安全との関係でついついプロ野球の広島カープやJリーグのサンフレッチェ広島の話が出ています。しかし、私の学問上のエネルギーは、特に広島カープに負うところが大きいので、ご海容願います。当日のシンポジウム熱気に溢れていて、実に有益でした。教え子や元同僚の方々など、旧知の方々も会場に多く来ておられたのを思い出します。この講演を実現するため、翌日の6月26日のマツダスタジアムでの広島カープ対阪神タイガースの観戦チケットを入手するなどのご配慮をいただいた元同僚の吉中信人教授をはじめとする関係者の方々に改めて御礼申し上げます。この試合でカープは阪神に逆転勝ちし、その後も勢いを失わずに25年ぶりのリーグ優勝を果たしました。引き続き昨年(2017年)もリーグ優勝し

ました。今年（2018年）も、現時点では、主力に怪我人がいても首位です。その意味でも、思い出に残る実に貴重な講演と観戦でした。私のエネルギー源になってくれている広島カープの皆様にも御礼申し上げます。なお、2016年10月15日には、熊本大学法学部で、熊本大学法学部研究教育振興会主催の講演会「医療安全と法」においてほぼ同趣旨の講演をしましたので付言いたします（熊本法学42号（2018年）参照）。

　以上のような背景を有するそれぞれの講演録ですが、本書に接してくださる読者の皆さまには、どうか医事法と生命倫理に関心を持っていただきたいと思います。特に若手の研究者やその道の志望者の方々が学問的関心を抱いていただくことを祈念しています。また、専門家のみならず、一般の方々も、それぞれの講演をライブ感覚で味わっていただければ幸いです。

　最後に、本書の企画と刊行を熱心に勧めていただいた信山社編集部の今井守氏に深く謝意を表したいと思います。

　　2018年5月

　　　　　　　　　　　　甲 斐 克 則

目　　次

はしがき（iii）

◆1◆　医事法と生命倫理の交錯
　　　──唄孝一の「ELM の森」を歩く ───────── 3

1　はじめに ……………………………………………………3
2　〈第1楽章〉唄孝一の「ELM の森」の入口 ………………8
3　〈第2楽章〉唄孝一の「ELM の森」の奥へ──医事法と生命
　倫理の交錯 …………………………………………………11
4　〈第3楽章〉唄孝一の「ELM の森」の泉……………………17
5　〈第4楽章〉唄孝一の「ELM の森」の出口──医事法と生命
　倫理をめぐる問題状況 ……………………………………20
6　おわりに──「ELM の森」のゆくえ………………………27

◆2◆　大震災と人権問題 ──────────────── 31

1　はじめに………………………………………………………31
2　被災者の生存権………………………………………………37
3　治療を受ける権利……………………………………………44
4　プライバシー権………………………………………………49
5　原発事故と人権………………………………………………51
6　おわりに………………………………………………………68

目　次

◆3◆　尊厳死問題の法理と倫理 ———————— 71

1　は じ め に……………………………………………………71
2　安楽死の意義と諸形態………………………………………72
3　尊厳死の意義と形態…………………………………………85
4　尊厳死をめぐる最近の国内外の動向………………………91
5　川崎協同病院事件判決………………………………………95
6　尊厳死の法的・倫理的許容の枠組み ……………………101
7　近年のガイドライン策定の動向 …………………………103
8　お わ り に …………………………………………………109

◆4◆　日本における終末期医療をめぐる法と倫理 —— 113

1　は じ め に …………………………………………………113
2　日本における近年の問題状況 ……………………………114
3　司法の動向 …………………………………………………116
4　人工延命措置の差控え・中止(尊厳死)をめぐる法理と倫理
　　…………………………………………………………………122
5　お わ り に …………………………………………………128

◆5◆　人工妊娠中絶と生殖医療
　　　　—医事法・生命倫理の観点から ———————— 131

1　はじめに—出産と法のかかわり…………………………132
2　堕胎罪・人工妊娠中絶問題の変遷 ………………………135

xii

3　堕胎(妊娠中絶)問題の理論的問題　……………………………141
4　生 殖 医 療　…………………………………………………146
5　今後の課題　………………………………………………161

◆6◆ ES 細胞・iPS 細胞の研究推進をめぐる 法的・倫理的課題　——— 163

1　はじめに──問題の所在　………………………………………163
2　基本的視座　………………………………………………165
3　現行のルール　……………………………………………166
4　ES 細胞研究と iPS 細胞研究の関係　……………………166
5　ES 細胞研究の倫理的課題　……………………………167
6　iPS 細胞の倫理的課題　…………………………………168
7　制度的課題──バイオバンクの確立　…………………169

◆7◆ 医療事故の届出義務と医療事故防止 ──医師法21条の問題点と法改正への提言　——— 171

1　はじめに──問題の所在　………………………………………171
2　都立広尾病院事件最高裁決定の論理　…………………173
3　医師法21条の届出義務の射程と課題　…………………174
4　医療事故の届出の諸提言　………………………………175
5　医療事故の届出義務と医療事故防止の具体策　…………182
6　お わ り に　……………………………………………………186

xiii

目　次

◆8◆　持続可能な医療安全確保に向けた制度構築
──広島医療社会科学研究センターに期待される役割

189

1　はじめに ……………………………………………189

2　持続可能な医療安全確保の意義 …………………193

3　持続可能な医療安全確保のための3本の矢 ……………195

4　医療安全に関連する最近の動向 …………………197

5　医療安全に関する法的現状 ………………………198

6　医療安全確保と医事法のパラダイム転換 ……………215

7　医療事故の法的処理と持続可能な医療安全体制構築 ……219

8　おわりに──広島医療社会科学研究センターに期待される役割

……………………………………………223

医事法学へのまなざし

1
医事法と生命倫理の交錯
——唄孝一の「ELMの森」を歩く——

● 1 はじめに

　おはようございます。只今ご紹介いただきました早稲田大学の甲斐と申します。本日は明治大学「ELM（エルム）資料館」開館記念ということで、本当におめでとうございます。また、こういう場で基調講演ができるということは、本当に光栄なことでございます。

　本日の私の講演テーマは、さきほどご紹介いただきました、「医事法と生命倫理の交錯」です。医事法と生命倫理、この両者は近い関係にありますが、もちろん違うところもあります。この「ELM資料館」のもとをつくられた唄孝一先生がかねてから求められていたこのELM（エルム）というものが一体どういうものか、これを参加者の皆さま方と一緒に考えていただくために、「唄孝一の『ELMの森』を歩く」という副題をあえて付けております。

　さて、唄孝一先生と私の出会いから最初にお話しさせていただきます。唄先生の門下生は、宇都木伸先生、平林勝政先生をはじめ、たくさんおられます。私は直接の門下生ではありませんが、なぜか唄先生と深い関わりを持ってきました。その経緯を多少お話しした方が、全体の流れがわかりやすいかな、と思っています。

　唄先生と初めて直接お会いしたのは、1977年11月です。日本刑法学会が熊本市でありました。そのときにちょうど刑法学会の分科会（共同研究）のテーマが「医療と刑法」でありまして、唄先生がフロアーからですがコメンテーターとして参加されました。大学院で

3

◆ 1 ◆ 医事法と生命倫理の交錯──唄孝一の「ELM の森」を歩く

取り組み始めた私の研究テーマが、「医療と刑法」というテーマで
もありましたので、私の恩師である九州大学法学部の刑法の井上祐
司先生が、「では、唄先生を紹介してやるから一緒に話をしたらど
うか。」ということでお会いすることになりました。ご存じない方
も多いかと思いますが、実は、井上先生と唄先生は戦時中、いわゆ
る学徒動員ということで、海軍で「同期の桜」であったという事情
がありました。それで、戦後、唄先生も井上先生も、ともに研究者
になられて、論文や手紙の交換をされておりまして、私も、唄先生
が井上先生に送られた論文の抜刷りを井上先生からいただきました。
本日、ここに現物(「治療行為における患者の承諾と医師の説明──西
ドイツにおける判例・学説」)を持ってきております。これは、すで
にその後、『医事法学への歩み』(岩波書店、1970年)という著書に
収められたものですが、それ以外のものも、6点か7点くらいあり
ます。それで、これらを読んでおくように言われておりました。
「刑法と直接関係ないところもあるが、遠からず参考になるにちが
いない。」という思いで読み始めました。ちょうどそのころ、唄先
生と熊本でお会いしましたので、お互いに親しみを感じており、唄
先生も、そのことを実は後々まで覚えていただいておりました。あ
とで紹介いたしますけれども、手紙も残っております。したがいま
して、私としては、研究を始めたころに唄先生と出会ったことは、
人生を非常に大きく左右する出会いだったな、と今にしてそう思う
わけであります。

　そういう関係がありましたものですから、学会のときとか、それ
以外のいろいろな研究会などで上京したとき、唄先生とお会いする
機会がたくさんございました。それで、交流が深まっていくわけで
すが、ご承知の方もいると思うのですが、個人的には、唄先生の
「早朝の電話」を思い出します。これは、有名な話のようで、大体

4

朝の7時くらいに自宅に電話がかかってきます。唄先生は恩師の我妻栄先生の影響も受けられて、朝5時から8時までみっちり勉強（研究）をされるというスタイルですので、朝の7時くらいが一番頭が冴えておられます。こちらは目覚めたばかりですが、いろいろ鋭い質問をしてこられるのでありまして、20分間から30分間にわたり掘り下げた電話のやりとりを何度もしたのを今でも覚えております。そういうこともありまして、唄先生との関係が続いてきたということです。

　さて、本日の本題である「ELMの森」がこれと一体どう関わるか、ということであります。唄先生が医事法学の代表的存在であられたことは、疑う余地もないのですが、同時に、生命倫理にも関心を持たれていたことを忘れてはなりません。このELM（エルム）というのが医事法だけであれば、この明治大学がこういう立派な資料館をつくられたかどうか、わかりません。これにEthicsが加わっていることが大事でして、この領域にも唄先生が目配りをされていたというところに注目していただきたいわけであります。ですから、この「ELMの森」の意義をまず確認しておく必要があると思います。しかし、このことは、そう簡単ではありません。私どもは、後進の者として、唄先生が説かれたものを継受して発展させる、そういう課題を担っているとは思うのですけれども、その「ELMの森」が持っている意味を理解しておかないと、多分継受もできないだろう、と思います。本日のこの記念講演会は、あるいは午後のシンポジウムを含めて、そういうニュアンスがあるのではないか、と思います。

　「ELM（エルム）の森」というのは非常に響きがよいですね。いつからこの名前が付いたのか、これはおそらく門下生の宇都木伸先生や平林勝政先生の方が正確なことをご存じではないか、と思いま

す。あれこれ文献を見ても、いつからこの名前が使われ始めたかは、はっきり書かれていないようであります。しかしながら、あれこれ見てみると、1982年から1983年ころ、あるいはおそらく1980年前後ではないか、と私は推測しております。9名の方と研究会を始められたのが、「エルムの研究会」ということだったようであります。そこから長い間積み重ねられて、本日の昼に皆様が見学されるでありましょう「ELM資料館」に行ってみるとおわかりのとおり、膨大な資料が収集され、まさに「森」にふさわしいものになっています。したがいまして、特に若い人は、この「ELMの森」に入ると、迷うと思います。迷子になるくらい、膨大な資料と幅広い領域の森であります。迷子にならずにどうやってこの「森」を歩くか、ということを考えるきっかけになればよい、と思って話を進めていきます。

　ちなみに、「エルム」というのは、ヨーロッパ産のニレ科ニレ属植物の総称のようで、北海道にも生息しています（ちなみに、北海道大学のキャンパス内には、「北大交流プラザ『エルムの森』」や「レストラン・エルム」があります。2015年10月31日と11月1日に第45回日本医事法学会大会が北海道大学で開催されたのも、奇縁であるように事後的に思いました）。それで、おそらく唄先生がそれを「Ethics と Law と Medicine」の頭文字に発音上ひっかけて「エルム」という名前を付けられたのかな、ということは推測できますが、それにしても響きがよいです。私にとっても、もうひとつ響きがよいのは、実はこれは家族や親しい友人以外には誰にも言っておりませんので、今回が初公開ですけれども──どうでもよい初公開ですけれども──、実は私ども、1982年4月25日に結婚しまして、新婚旅行に北海道に行きました。ちょうど九州大学法学部の助手になったばかりの年で、お金がありませんから、北海道に行くのも本当は大変でした。それ

で、どうやって行ったかというと、前の年に、大相撲九州場所を見に行きまして、しかもそのチケットも実は知り合いからたまたま運よくもらって、2人で大相撲を観戦したわけです。すると、たまたまそこでクイズがありまして、クイズに応募したら「銀賞」が当たりまして、何と、当たった中身が実は「北海道エルムの旅」でありました。こういう経緯がありまして、これは不思議な縁でした。私ども家族としましては、それ以来、この「エルム」というのは、「新婚の香り」が漂う響きを持っています。そこへ唄先生が当時、何度も「エルム、エルム」と言われ出して、今でもそれがずっと響きとして続いて、わが家では「エルム」というのは、本当に心地よい貴重なネーミングとなっています。余談でしたが、今から思うと、何か縁があったかな、という気がしているわけであります。

　さて、ここにお示しするのは、1994年6月、広島駅での唄先生との2ショットの写真（割愛）です。さきほども言いましたとおり、唄先生はなぜか電話とか手紙でいろいろなことを連絡をしてこられました。1994年といえば、私もまだ当時は若くて、「こんな時代もあったのかな」、と思うのですが、たしか39歳くらいのときですから、今から21年前になります。前の日か何日か前に電話があって、「脳死・臓器移植ほかの問題のことで、ちょっと会いたいんだが、時間があるかい。」ということでした。時間を設定しまして、多分1994年の6月のある日、雨傘も持っておられますし、サマースーツみたいなのを着ていますので、季節は今時分ですよね、広島駅でお待ちしまして、唄先生とお会いしました（脳死・臓器移植の問題ということもあり、広島大学法学部の同僚の小田直樹助教授（当時）にも声をかけて同席していただきました）。そして、日帰りだからということで、広島駅ビルの喫茶店で、3時間くらいでしたか、脳死・臓器移植の問題をはじめ、あれこれ話し込んだ記憶があります。詳細は

◆1◆ 医事法と生命倫理の交錯──唄孝一の「ELM の森」を歩く

割愛しますが、こういうことも今となっては懐かしく思い出されて、あえてご紹介いたします。その中でもやっぱり、唄先生の話の端々に出てくる医事法と法律以外の側面、医療や倫理の問題、これに強い関心がおありになったわけであります。

　そこで、以下、今回講演をするにあたって、唄先生の著作を大半読み直したり、あるいは手紙を読み直したりしてみた次第であります。1970年の著作『医事法学への歩み』（前出）、これが日本の医事法学の曙を意味するものであるということは、多くの方がご存じであります。したがいまして、これについては、本日は割愛いたしますが、なぜ唄先生が医事法だけでなくて、生命倫理をも射程に入れてこの「ELM」というものに立ち向かったのか、ということを学問的に検討したいと思います。

● 2　〈第1楽章〉唄孝一の「ELM の森」の入口

　1975年の日本法哲学会で、「法と倫理」というシンポジウムが組まれて、その中で唄先生が講演をされました。それが法哲学会の年報に載っています。日本法哲学会編『法と倫理』（1975年度）という題目です。これは、私にとって、実はさきほどの直接の出会いの1977年の2年前、私が大学2年生のときですから20歳のときに遭遇した衝撃的な論文でした。この論文は、あまり引用されていないのですが、私にとっては非常に大きな意味がありました。この中で、唄先生は、法と倫理の関係を、特に医療問題を素材としながら、医療における法と倫理はどういう関係にあるのか、という問題を見事に論じておられます。それで、私は、この論文を繰り返し今でも読んでおりまして、もうボロボロになるくらいです。ここにありますノートにも別途手書きでメモしたものが残っていまして、今回久しぶりに見ましたけれども、やっぱり相当この論文に影響を受けてい

8

るな、と思います。しかも、この同じ学会誌に、九州大学法学部で
のもう1人の恩師であった法哲学の三島淑臣先生も同じシンポジウ
ムで報告された原稿「市民社会と倫理」を寄稿されています。三島
先生は、今年（2015年）の正月に残念ながら亡くなられましたが、
多くを教えられました。私は刑法が専門ですから、井上祐司先生が
直接の恩師でしたが、哲学や倫理に大変関心があったため、法哲学
のゼミにも入っていました。さて、三島先生がこの学会誌の中で
「市民社会と倫理」というブリリアントな論文を書かれており、こ
の2つの論文をずっと読み続けて、両者の関係みたいなものを考え
ていたわけです。そういう意味では、研究を始めたころにこういう
貴重な文献に出会ったというのは、今から考えると、本当にありが
たかった、と思っております。

　この論文の中で唄先生は、実は「法によるチェックと法に対する
チェック」という用語をすでに使っておられます。私はこの用語と
考え方を受け継いで、今でも使っていまして、まさにキーワードだ
と思っております。この用語の中に、唄先生の謙虚な態度が凝縮さ
れています。つまり、法というのは、どうも下手をすると「法が決
めるのだから法に従え」というように、すべて法的コントロールが
万能である、というふうに思いがちだけどれも、そうではない。
非・法的コントロールと言いましょうか、実は法以外のものが、特
に医療との関係では非常に重要であるということを、唄先生もおそ
らくこのころ自覚されたのではあるまいか、と思うわけです。アメ
リカのカレン・クィンラン事件ニュージャージー州最高裁判決が
1976年に出ましたので、唄先生のこの論文は、その少し前です。し
たがいまして、この論文には、カレン・クィンラン事件判決をはじ
めとするアメリカの動向が詳細に書かれているわけではありません。

　唄先生は、ご承知のとおり、カレン・クィンラン事件判決を詳細

◆1◆ 医事法と生命倫理の交錯——唄孝一の「ELM の森」を歩く

に分析されたわけですが、おそらくその基本的な考えは、このころのアメリカのバイオエシックスの影響も受けられたのではないか、と思うわけであります。唄先生は、もともとドイツの理論や判例を分析されていました。ところが、ドイツでは、当時あまりバイオエシックスという言葉はそれほど使われていなかったのです。これに対して、アメリカではバイオエシックスが盛んに議論されはじめていて、ここにおられる木村利人先生がちょうどそのころ「人権とバイオエシックス」という論文を「法学セミナー」に連載されておりまして、唄先生も、この影響を受けられたのだろう、と思うわけです。アメリカでは、法と倫理というのはかなり密接な関係があるものとして議論され、実践もされていたということに唄先生も気づかれて、「やはり両者の関係をもっと詰めないと、医療というのは良くならないのではないか」、こういう発想が生まれたのではないか、と私なりに分析をしております。ここらあたりが、音楽で言えば、唄先生の第1楽章です。本日は音楽になぞらえて、「第1章」、「第2章」ではなくて、「第1楽章」、「第2楽章」というふうに進めていきたいと思います。唄先生は、ご承知のとおり、かなり、何かそういう芸術的センスがおありの方で、ときおり音楽からとってこられたような文体が出てきますが、ここではそれを参考にして分析した方が唄先生も喜ばれるのではないか、と考えています。もちろん、本日は唄先生を偲ぶ会ではありませんので、「唄孝一『ELM の森』を歩く」という副題をあえて使っております。今後は、歴史的事実として「唄孝一の『ELM の森』」という扱いになるでありましょう。これをどう発展させていくか。こういう観点で、お話を続けさせていただきます。

● 3 〈第2楽章〉唄孝一の「ELM の森」の奥へ
──医事法と生命倫理の交錯

　唄先生は、1981年に「バイオエシックスと法の役割」という論文を書かれています。この論文は、お持ちの方もいるかもしれませんが、門下生の方が編集された『志したこと、求めたもの』（日本評論社、2013年）という書の中にも収録されております。これは、非常に参考になる文献であります。この中に、こういう一節があります。

　「人々はその限界を忘れて、法・法学・法律家に過大な役割を期待してはならない。そして誰よりも法律家は法が自らなしうることの限界を忘れてはならない。」

　唄先生は、これを1980年代になって相当自覚されたのではないか、と思います。これが第2楽章です。1980年代は、おそらく唄先生の研究の中では第2楽章に当たる、と私は思います。この中で具体的に何をおっしゃっているかというと、第1に、「事実の正確な認識」です。これは、「唄医事法学」の出発点でもあり、到達点でもある、と思われます。「ELM の森」も、やはりこれに尽きる、と言ってもよいかもしれません。マックス・ウェーバーの有名な言葉を引用しつつ、とにかく、ザッヘ（Sache）と言いますか、「事実を重視しなければだめだ」ということをしばしば強調されるわけですが、第一次資料、原典にきちんとあたり、そして分析をしていくということが重要だ、何よりも医事法というのは医療の現場・現実を知らないとだめだ、ということも、多分ここにその信念が込められていると思うわけです。第2に、「手段としての法」です。法は、手段として、ある目的を達成するために使わなければいけない、ということです。第3に、「目的としての法」です。唄先生独自の用語で、「法

11

◆1◆　医事法と生命倫理の交錯――唄孝一の「ELM の森」を歩く

の定数」とか「法の変数」とかいうような言葉が使われています。詳細は割愛しますけれども、「手段としての法」と「目的としての法」ということを切り分けて、第4に、「世界観」とか「人間観」とか「社会観」も影響するぞ、と説かれます。ここらあたりは、たしかに、唄先生ならではの思考と分析だと思うところが多々あります。そして第5に、「天下りの固定判断への警戒と回避」です。つまり、「法がこうだからこれに従え」という結論を特に医療の問題では断定的に下してはいけない、むしろそういうのは警戒して回避すべきである、と説かれます。唄先生がよく使われる「謙譲とためらい」という、私の好きな言葉がありますが、ここで唄先生はおそらく「ELM の森」の基本的スタンスというものをほぼ自覚されたのではないか、と私は分析をした次第であります。そうであるがゆえに、「社会的合意」ということを当時重要視された、と思っております。

　社会的合意論につきましては、ご承知のとおり、臓器移植法ができる前に、「脳死と臓器移植」論議のときに、「唄先生のこの社会的合意論は曖昧だ」という批判も出されたのですが、唄先生がおっしゃりたかった脳死の意義は、法が勝手に独走をして決着をつけてはならない、ということだったわけで、いろいろな分野の人が英知を絞り議論を尽くして、ある種の規範を形成していくということを目指しておられた、と思います。その際に、「ELM」というものが果たした役割が大きいのではないか、と私は分析したところであります。ということは、他方で、医プロフェッション、医療の専門家の果たすべき役割というのも、ある程度尊重せざるをえません。「裁量」とよく言われますけれども、もちろん、これも無限ではなくて、逸脱しすぎますと法的コントロールを受けるわけです。「だから医プロフェッションもやはり果たすべき役割と限界を自覚する

必要がある。だからこそ、医と法の対話というのが大事である。」ということを唄先生はずっと説かれてきたのだろう、と考えております。本当に「さすがだなあ」と思います。1980年代ですから、この視点がなければ、おそらく日本の今の医事法・生命倫理の研究というのは相当遅れていたであろう、と思われるわけです。

　「ELM の森」は、とてつもなく深い森であります。そこに分け入って行きますと、実は大変難解な問題が待ち構えているわけです。特に法と倫理の関係、あるいは医事法と生命倫理の関係、本日の正式なタイトル（正題）を「医事法と生命倫理の交錯」としたのは、実はそういうことと関係しております。「法と倫理」という問題は、1970年代に、特に日本刑法学会では相当議論された問題であります。

　代表的な論客はたくさんいたのですが、若干の先生を挙げて説明いたします。まず、当時広島大学におられた金澤文雄先生です。金澤先生は、「法と倫理」というのはかなり親近性があるということを早くから説かれていました。金澤先生は大変博識な方で、私も広島大学在籍前後に大変お世話になった方でございます。他方、平野龍一先生は、これまた大学者で、日本刑法学の代表的存在でありました。平野先生は、「法と倫理が接近しすぎることは良くない。両者を区別すべきだ。」と非常に警戒心を持って説いておられました。注意を要するのは、平野先生の批判の対象はいわゆるリーガル・モラリズムでありまして、「モラリズム（道徳）を刑法に持ち込むと、ろくなことがない。」という発想でした。これは、当然ながら、現在の刑法学者にも受け継がれている部分があります。しかし、当時の私は若かったので、あまり大それたことは言えなかったのですが、当時の文献を見ると、平野先生が批判される倫理と、金澤先生が言われている倫理というのは、同じところもあるが、違うところもある、というふうに感じておりました。よく、「法は最小限の倫理」

13

と言われます。これは当たっていると思うのですが、両者の関係となると、当時刑法学者には十分に自覚されてなかったように思います。

　金澤先生は、生命倫理もずっと研究されていましたから、そこで言われている倫理は、ある種の道徳的な部分もありましたが、行動規範としての職業倫理ないし生命倫理も、社会規範として法と共通性があるのではないか、という立場だったわけです。ところが、平野先生は、それらを一緒に扱うのは問題であり、倫理が入ってくると、内心処罰になったりする、ということを恐れられていました。それは、当たっている部分もありますが、そこに問題点もあります。刑法学者として分析すると、心情倫理ないし道徳は内心の問題に立ち入りますが、これに対して、アメリカで言われていたような行動規範としての職業倫理——バイオエシックスもこれに入ります——は、それと必ずしも同じではないわけです。行動規範としての職業倫理ないし倫理綱領というのは、アメリカの判例を読まれた先生方はおわかりのとおり、裁判所も直接引用いたします。カレン・クィンラン事件判決当時、アメリカのほかの判例の中でもときおりそういった職業倫理が引用されたりもしました。その後、一連の自殺幇助に関するアメリカ合衆国連邦最高裁判所でも、判決文をよく見てみると、そういったアメリカ医師会のコード・エシックス（code-ethics）、こういうものが直接引用されたりもしています。

　そういうことで、倫理規範と言っても、その点を押さえないと、紋切り型に「法と倫理は違うんだ！」ということだけ強調しても、妥当ではありません。唄先生の文献を今回丹念に読み返してみますと、唄先生は、そこらあたりをこの当時すでに自覚されていた、と私は思っております。もちろん、サンクションの有無という違いはあります。そこで、両者の関係をどう捉えるか、という点が、おそ

らく唄先生のこのあたりからの課題になっていったのではないか、と考えられます。現に生命倫理は、アメリカだけではなくて、ドイツでも「法化現象」と言われるように、かなり接近する現象が起きております。ですから、多くのヨーロッパの研究所で、「生命倫理・医事法」研究所・研究センターと銘打っているところがあるのは、そういう流れがあるからでありまして、法律家だけではなくて、倫理学者も協働する、あるいは医療倫理の専門家も協働するというスタイルが一般化しつつあるのは、そういう事情が背景にあるからだろう、と思います。

　もちろん、倫理の方が実は細かいです。いろいろなルールの中で繊細な配慮をします。これに対して、法律は、大枠を示すというところに特徴があります。だからこそ、その枠を逸脱したら制裁（サンクション）があります。そのことを示すのが法律であって、法律の中でも、私の専門である刑法になりますと、刑事制裁ですから、より慎重でなければなりません。そういうことを自覚しながらも、今で言えば、ソフトローとハードローの組合わせにより、両者をうまく併用して解決を図るということは、よくみられるところであります。

　1983年に唄先生は、『医療と法と倫理』という編著を岩波書店から出されました。この本の「はしがき」を読まれた方は、「エルムの会」が9名で発足したということをご存知でありましょう。この母体である研究からこの「ELMの森」が多分出てきたのだろう、と私は思っております。この編著の中でも、繰り返し「医療に対する法的コントロールの意義と限界」とか、「医療における法と倫理」という内容が説かれております。ただし、「医における倫理」、これについては、正面から接近するようなことは避けたい、という趣旨の主張をみると、唄先生の慎重さが窺えまして、結論をずっと留保

◆ 1 ◆ 医事法と生命倫理の交錯——唄孝一の「ELM の森」を歩く

されているところがあるわけです。唄先生の謙虚さでもあろうかとも思うのですが、同時に、「これはそう簡単にはいかないよ」ということを自覚されたのではないか、と考えております。そこで、以下の一文だけをお示しします。

「しかし、私が今、医における倫理に敢て思いをはせ、それを究め得ない自分にいら立つのは、むしろ医療の原型における倫理性についてであり、医事法学的接近におけるその位置づけにつきその解明の方法さえ見出し得ないからである。」

この一文は、当時の唄先生の正直な気持ちを表しているように思われますし、「しかしなんとかしたい」というジレンマも垣間見ることができます。

1980年代には、これまた名著のひとつと言われている『死ひとつ』（信山社、1988年）という本を出されていますが、これは、ご自身のお母様の死にまつわる、若いころの唄先生の原体験を先生ならではの手法で分析されたものです。その第三編の「医療の前後」という中に、「その一　医療における法と倫理」という論文も収められています。この中に、唄先生の正直な気持ちが出ています。医倫理の確信の根底は、患者側の驚きや悲しみとの共感である、と。多分このことを唄先生は自覚されて、そこに出口を見つけられたのではないか、と思います。なんだかんだ言っても、結局、この基本観念が根底になければ、医事法にせよ生命倫理にせよ、その展開が難しいのではないか、と確信されたのではないか、というふうに私は思っています。そういう悩みと謙虚さ、粘り強い思考、そういう中から今述べたような「ELM の森」に、ある種の光、一筋の光明を何か見つけられたのではないか、と考えています。

このころからでしょうか、あるいはそれ以前からもやられていたんでしょうけれども、膨大な資料収集をされて、何冊か ELM の冊

16

子にまとめられました。私も、分厚い資料集を何度か送っていただいておりまして、「すごいな」と当時も感心していました。今回、明治大学に「ELM資料館」ができて、昨年（2014年）、前倒しで拝見させていただきました。そのときにも見て、改めて驚きました。「これだけのものをよく集められたなぁ！」という気がいたします。それは、「おそらく自分一人ではとてもこの問題に太刀打ちできない。後世に託すしかない。」ということを唄先生ご自身で自覚され、それで準備をされていったのではないか、と思っております。そういう意味で、1980年代は、唄先生にとっては大事な時期でした。

　1980年代終わりから1990年代には、かの三部作と言われている『臓器移植と脳死の法的研究』（岩波書店、1988年）、『脳死を学ぶ』（日本評論社、1989年）、そして『生命維持治療の法理と倫理』（有斐閣、1990年）を立て続けに刊行されました。これは、やはり、「ある種の決意をもって」と言いましょうか、とにかく自分がやってきた研究をまとめておこうという決意の表れとみることができます。それにもかかわらず、それらの「はしがき」その他を見ても、決してそれに満足されていないのです。「まだ不十分である」とかいう類のことをとうとうと書かれております。しかし、これらのまとめをしたうえで、「あとをどうするかということを後世に託し、自分ももちろん研究していく」という姿勢で、1990年代を迎えるのではないか、と分析しているところです。

● 4　〈第3楽章〉唄孝一の「ELMの森」の泉

　第3楽章は、「唄孝一の『ELMの森』の泉」についてですが、唄先生は1990年代に入り「ELMの森」の中を自ら散策している際に、「滾々と湧き出る泉」を発見されたのではないか、と私は思っております。

17

◆ 1 ◆ 医事法と生命倫理の交錯——唄孝一の「ELM の森」を歩く

　それを象徴する下地ともいうべきスケッチ風のものは、1988年の
「インフォームド・コンセントの心と形」という小さな名論文であ
り、これは、さきほど取り上げた遺著『志したこと、求めたもの』
の中に収められております。私は、今でもその論文をよく引用をい
たします。中身の詳細は割愛しますけれども、当時出てき始めてお
りました自己決定権について、それがどこでも出てくるが、それで
よいのか、という戒めをこの中で書かれています。インフォーム
ド・コンセントの法理は唄先生が日本に導入されたわけですが、先
生ご自身は、「どうもそれが下手をすると一人歩きしている部分が
あるが、それでよいのか」という懸念を示しておられます。すなわ
ち、自己決定権は医療において重要ではありますが、果たしてすべ
てを解決するものかというと、どうもそうでもなかろう、というこ
とをこのころ自覚されております。以下に一節をご紹介します。
　「自己決定権にも、登場すべき時と場所とにより、いろいろの形
態があるし、またそれと無関係な領域もある。それが倫理的なもの
であるだけに、ますます、出番を間違えぬよう、正しい時に正しく
登場すべきである。」
　これは名言ですね。唄先生は本当に多くの名言を残された方で、
いろいろな論文の中で心に響く珠玉の言葉を多々残されております
が、これもそのひとつだと思います。「自己決定権は出番を間違え
ないように」という語りかけは、「なるほどな」と思わせます。私
は、この影響を受けて、「自己決定権は重要ではあるが万能ではな
い」という言辞をよく使っていますが、本当に唄先生のこの一言は
大きな意味がある、と思います。
　つぎに、1994年の「インフォームド・コンセントと医事法学」で
す。これまた非常に重要かつ本当にブリリアントな論文でして、こ
れも『志したこと、求めたもの』に収められています。この論文は

第1回日本医学会総会特別シンポジウム「医と法」で特別講演された
ものをまとめられたもので、おそらく後世に残り続ける名論文だ
と思います。当初の論文の抜刷りを直後にいただいてむさぼるよう
に読み──今でもそれを大事に持っていますが──、衝撃を覚えたこ
とがあります。「ELMの森」にも「滾々と湧き出る泉」があり、し
かもその源ないし「水脈」がやはりあって、ここに唄先生は気付か
れて、「あ、これだ！　これは水脈だ！」というふうに確信された
のではないでしょうか。これこそは、本当に唄医事法学、そして医
事法学を越えて「ELMの源になる水脈」ではないかな、と私は今
回改めて思った次第です。その中の中心となる一節は、以下の一文
です。

　「それはただ自分のことは自分で企てるという精神的問題ではな
くて、《その人の身体はその人のものだ、身体の全体はまとまった
ものとしてその人のものだ》という考えがその基礎にある。」

　この論文では、引き続き、インフォームド・コンセント（IC）に
ついて、「イベントとしてのIC」と「プロセスとしてのIC」とい
う視点から「well-being」の分析をされて、IC（インフォームド・コ
ンセント）は法理論ではあるんだけれども、やはり「倫理としての
IC」ということの意味を考えるべきだ、ということを説かれてい
ます。その中で、IC（インフォームド・コンセント）と医プロフェッ
ションが一体どういう関わりにあるのか、という問いを発せられて
います。これは、法律論を越えております。もうこれは倫理の世界
の問題でありまして、むしろ生命倫理の専門の方々としては、もっ
ともっとここに注目していただきたいところであります。

　最後に、これも、かの有名な「one of one」と「one of them」と
の関係であります。このような「one of one」という言葉も、なか
なか出てこない言葉ですよね。私もこの言葉を受け継いで授業でも

◆ 1 ◆ 医事法と生命倫理の交錯——唄孝一の「ELM の森」を歩く

学生に対して「教師」と「学生」の関係の説明も交えてよく使います。医師からしてみると、「あなたは患者の一人、one of them です。」として割り切れるでしょうが、患者からすると、初めて診療を受けたり治療を受けたりするわけでして、そういう人を目の前にしてそう簡単に「one of them」で割り切ることはできない、という唄先生らしい捉え方であります。したがいまして、医事法と生命倫理を何とか Aufheben（アウフヘーベン）と言いましょうか、統合しようという唄先生の苦心がここに表れております。このことがこの論文で割合まとまったのではないか、と考えております。

　しかし、21世紀は、そう簡単にいかない問題状況を次々と生み出していきます。「ELM の森」の出口はあるのでしょうか。

● 5　〈第4楽章〉唄孝一の「ELM の森」の出口
　　——医事法と生命倫理をめぐる問題状況

　唄先生の研究全体を俯瞰し、第1楽章、第2楽章、第3楽章と進んできて、「さて、終わりがあるか、つまり完結するのか」と考えてみました。しかし、結論として、第4楽章「唄孝一の『ELM の森』の出口」は「未完成ではないか」、と思います。つまり、「ELM の森」に1度入ったら、なかなか抜け出せないのです。これは、おそらく唄先生自らそういうふうにしたのではないか、と思います。最後にまとめて「こうだ」という結論をズバッと出して、「これでどうだ！」と迫るのではありません。「さあ、みなさんどうですか」という問題提起をして、後進に考え続けてもらうため、あえて未完成のままにしておいて、あとは後世の人に託す、という思いで世を去られたのではないか、という気がいたします。同時に、これは、出口がなかなか見えないということを意味しますので、ジレンマがあります。そこで、副題として、「医事法と生命倫理をめぐる問題

状況」を付けて、第4楽章をあえてまとめることにします。

　特に21世紀に入って、ポストゲノム社会になりました。そうすると、唄先生が想定していなかった問題が続々と出てきているわけであります。このポストゲノム社会における医事法と生命倫理をめぐり、2003年のヒトゲノム解析完了以降、ご承知のとおり、人体・DNA・遺伝情報・人由来物質をめぐる諸問題に代表されるように、あるいはそれを超える問題も、続々出てきています。その中で、医事法と生命倫理が一体何を果たせるか、その役割はどういうところにあるのだろうか、と唄先生も晩年多分悩まれたに違いありません。何度もお会いしてお聞きしたことがありますが、よく「いやー、もう僕はなかなかここまではフォローできないよ。」ということを言われておられたのを思い出します。生命倫理、医療倫理、研究倫理という多様な問題もクローズアップされてきたわけであります。

　そこで、どういう方向で考えていったらよいか、です。社会規範としての「生命倫理」について考えてみると、さきほども少しだけお話ししましたが、生命倫理規範として、法律が、例えば、刑法といったようなハードローの典型規範だけで対応できるかというと、そうではないです。行政法や民法も活用することができます。そして、それらを補完するソフトローが果たす役割も実は大きいのです。すべての問題について規範を実定法化するということは、なかなか困難です。ただ、日本は逆に、法律に規定するものが少ない気もします。生命倫理基本法さえない、というような状況であります。本当はそういうものを作っていかなければならない、と思っております。現行法では、憲法、刑法、行政法、民法、特別法としてクローン技術等規制法とか、臓器移植法とか、母体保護法とか、再生医療三法とか、いろいろなものはありますが、それが体系立っているかというと、決してそうではありません。ヨーロッパ諸国の法制度と

◆ 1 ◆ 医事法と生命倫理の交錯──唄孝一の「ELM の森」を歩く

比べると、ここらあたりが断片的すぎて、あるいは体系立っていないというジレンマがあります。各種の倫理指針も同様です。いろいろな倫理指針ができてきました。特定胚指針のような法的レベルでの倫理指針とか、各種の行政指針はありますが、これはこれである種のルールを示してはいるとはいえ、全体から見ると、やはり、よく言われるパッチワーク的なルールでは如何ともし難い現象が続々起きてきているわけです。これにどう立ち向かうべきか。唄先生が生きておられたらどう言われたかな、と時折考えたりもするわけです。これを独自に取り上げると、これだけで 1 時間になりますから、詳細は割愛いたしますが、若い方々は、こういう問題の解決に取り組んでいただきたいと思います。

　問題は、基本的視点をどこに求めるか、ということです。これを忘れて欲しくないわけであります。世界医師会のヘルシンキ宣言のような国際的な倫理規範もありますし、各種学会のガイドラインもあります。参考にすべきルールが山程あるわけです。そういうものをフォローしながらも、しかしそれに振り回されずに基本的な視点をどういうふうに取り込んで医療問題ないし生命倫理の問題に取り組むか、ということが私どもに課されている課題であろう、と思います。唄先生はそういうことを私どもに託して、この「ELM の森」を残されたのだろう、と思うわけであります。

　生命倫理では、人格の尊厳、善行、正義といったような、バイオエシックスの基本原則があるわけですが、これらも今少し揺れ動いている、と言われるくらいです。あるいはヨーロッパでは、ドイツに代表される「人間の尊厳」というキーワードがあります。その中にあって日本は、一応欧米の議論はフォローしてきましたが、日本においてどういう展開をしていくか、ということが課題になります。人権と自由というのは、当然ながら前提のキーワードになるであり

ましょう。あるいは、環境問題なども含めて生命倫理となりますと、いわゆる答責原理（Verantwortungsprinzip）が重要です。これは、個人の罪責を問うという意味での刑法でいう責任原理（Schuldprinzip）とは違って、次世代以降に対する責任という意味での、哲学者ハンス・ヨナスが説いた原理です。こういった基本原理をもう1度解きほぐして、それが倫理だけではなくて、法の中にどれくらい取り込めるかという分析・検討をしなければいけないだろう、と思っております。

　そこで、医事法について見ると、何らかの規制やサンクションを伴うということも、法学者としては考えなければなりません。そのときに、これは個人的な見解ですので簡潔に述べますが、まずは、規制の対象をきちんと確定すべきです。それは、①「規制すべきもの」と②「促進すべきもの」、そしてその中間のグレーゾーンである③「条件を付して様子を見ながら許容すべきもの」に分かれるでありましょう。最後の部分に、今いろいろ問われているライフサイエンスをめぐる諸問題の領域の特徴があるのですが、条件を付して許容すべきもの、様子を見るべきものは、たくさんあると思われます。

　まず、「規制すべきもの」として、犯罪性が強いものは、これは残念ながら刑罰でもって対応するということは以前からも言われてきましたし、今後も変わることはないだろう、と思います。現行法でも殺人罪、臓器売買等々の処罰規定があることはご承知のとおりですが、未解決の問題として、ヒト胚の売買とか毀損といったようなものがあります。こういう問題さえ、いまだ法的に解決されていないのです。これは、生殖医療の問題でもあるのですが、刑法以外での親子関係をめぐる問題についての生殖医療のルールもいまだないという状況はいかがなものか、と思う次第です。生命倫理の世界

23

◆1◆　医事法と生命倫理の交錯──唄孝一の「ELM の森」を歩く

では、人体改造（エンハンスメント）といった難しい問題も議論に
なっていますが、法的にどう対応するか、という課題も出てきてい
ます。

　これらの問題解決の根底には、やはり法の下の平等があると思い
ます。優生思想は、例えば、出生前診断などで、かつての優生思想
とは違う形で議論になってきております。今や、こういうものにア
プローチする基本的視点というのを再確認する時期であって、その
うえで、女性の自己決定権とか、リプロダクティブ・ヘルス／ライ
ツといったものとの関係をしっかり見極めて対応する必要があるだ
ろう、と思っております。特に遺伝情報をめぐるルールは重要です。
ヒトゲノムに関する指針はありますが、私は、これは１日も早く法
律でルールを作っておかないと間に合わないではないか、と以前か
ら訴えておりますが、なかなか実現はいたしません。

　つぎに、「促進すべきもの」として、バイオバンクの制度は、す
でに多くの国で法律により運用されていますけれども、日本ではま
だその法制化には至っていません。しかし、iPS 細胞を使って最先
端のバイオポリティクスを世界に打ち出そうとしている時代に、そ
れに関する法律もないというのは、問題です。「今は技術の方が進
んでいて、法律の方が遅れている」、と言われるのも、やむをえな
いところがあります。立法化すれば進んでいるというわけではない
のですが、最低限の基本的なフレームワークについては、やはり法
が果たす役割というのは大きい、と思っております。

　そして最後に、「条件を付して許容すべきもの」、これはかなり多
いわけであります。再生医療はすでに法律が一部できましたが、全
体としてまだ十分ではないですね。まさにこういう最先端の問題は、
医事法と生命倫理の協働、コラボレーションが必要な領域だと思っ
ております。もちろん、医療関係者も含めて、あるいは医療関係者

以外の生命科学者の方々との議論は進んできておりますが、全体を
ルール化するためには、やはりもう少し英知を絞って議論を展開す
る必要がある、と考えています。

　その前提として、規制の根拠というのも併せて考えていかないと、
「何でも規制だ、規制だ」ということが先走っては、かえって問題
が大きくなります。唄先生の懸念もそこらあたりにあったわけです。
ですから、人類と生命科学はどのように関わるべきかという、この
基本的視点の根底に何を置くべきでしょうか。もちろん、安全性と
か、ベネフィットないし恩恵とリスクとのバランス、比較衡量も大
事でしょう。しかし、やはり人権と「人間の尊厳」というのは、さ
らにその根底にあってしかるべきでありましょう。その中で、規制
のあり方というのは、おそらく「段階的規制」という方法が妥当で
はないか、と個人的にはずっと以前から言っているところでありま
す。自主規制は尊重すべきものですが、その部分のどこが不十分で
法的制裁が必要か、法的制裁の中でも、民事規制→行政規制→刑事
規制という段階的な規制、これをどうやって振り分けていくか、と
いう問題を丹念に考えていけば、私は、「ELM の森」からの出口
〈解決策〉が見えてくるのではないか、と思っております。したが
いまして、あとで述べるのですが、実体法による規制と手続法によ
る規制という組合せを、もう少し考えていく必要がある、と考えて
います。

　先端生命科学研究の詳細は、時間の関係で割愛いたします。そろ
そろ時間ですので、生命の発生と終焉の問題について述べますと、
特に生殖補助医療に関する問題の未整備な法的ルールについては、
「もう待てない」という問題状況もあるわけです。臓器移植につい
ては一応法律がありますし、終末期医療についてはガイドラインが
あり、個人的には私はガイドラインでの対応の方が良い、と思って

25

◆ 1 ◆ 医事法と生命倫理の交錯——唄孝一の「ELM の森」を歩く

おります。

　さらなる問題は、それ以外の領域です。唄先生が「とてもついていけない」と言われた問題です。とにかく次々と問題が出てきます。ナノテクノロジーもそうでしょうし、ロボティクスもそうですし、ニューロサイエンスもそうであります。こういう問題を取り上げれば、さらに 1 時間かかっても足りないくらいの領域ですので、本日は割愛しますが、これらの課題に一体どう取り組んでいくか、ということを考えていただきたいと思います。ただ言えることは、何度も言いましたように、生命倫理の諸問題に対する法的枠組みというものを根本から考えるときに、全体をカバーする生命倫理基本法——名前はこれでなくてもよいのですが——を作ることをやはり考えないといけないし、その一環として、例えば、臨床研究も、被験者保護を図りながら研究開発を進めていくという基本法みたいなものも今の時代ではなくてはならないものであり、これについては、やはりきちんと法制化していくべきでしょう。そのうえで、足りないところ、細かいところは、生命倫理や医療倫理といったもので補っていくべきでしょう。いわゆる相互補完性が必要です。

　従来、生命倫理を研究している人は、「いや、これは生命倫理だけの問題です。」と論じて、法律家が書いている文献をあまり読まないとか、一方で法律家は、「生命倫理の人は法律の理論や作法もわかってないのに、いろいろ言いたいことを言う。」といった状況も散見されて、あまり相互に耳を傾けない傾向もあったのですが、ここ数年、随分変わってきました。共同研究を見ても、かなり両者が一緒に研究をしていこうという傾向が強くなっており、これは非常に良い傾向だ、と思っております。相互補完性ないし協働は、おそらく唄先生が目指されたまさに「ELM の森」です。こうしてみると、「ELM の森」は、実によい言葉だと思います。この中には、

26

英知を結集して問題を解決していこうという願いが込められている
のではないか、と考える次第です。

● 6　おわりに──「ELM の森」のゆくえ

　最後に、「ELM の森」のゆくえについて述べます。すでに述べた
ことではあるのですが、国際問題もあります。これまで取り上げた
領域は、ますますグローバリゼーションとハーモナイゼーション、
この 2 つが要求されてきますが、その中で現在の人類の福祉ももち
ろん考えなければいけませんし、将来の人類の福祉、これも考えな
ければなりません。これは、本当に相当な英知を結集しないと解決
できない問題です。その研究の物理的・空間的拠り所になる場はど
こか、という点は、実に大事です。そういう意味で、今回明治大学
にできました「ELM 資料館」は、その拠点のひとつになりうるし、
今後研究機関としても多分発展していくのではないか、と思います。
ただ単に資料を集めて、「みなさん唄先生を懐かしんでください！」
と言うのであれば、唄先生に叱られると思うのです。そうではなく
て、この資料館を大いに活用して、どんどん問題解決を図っていた
だきたい、と唄先生も切に願っておられたのではないか、こう思う
わけであります。

　私は、個人的には、唄先生の考えを受け継いで、ひとつの理論と
して、「メディカル・デュープロセス（Medical Due Process）の法
理」というものを展開しつつあるわけですけれども、これは、唄理
論をかなりトータルに捉えて発展させたものです。これは、「複雑
な医療や新規医療（臨床研究・臨床試験）のようなものについては、
社会的観点も加味して、イベントとしての IC のみならず、プロセ
スとしての IC を確保し、利益とリスクの慎重な衡量に基づき、適
正手続による保障と被害者に対する補償を求める法理」です（甲斐

◆ 1 ◆ 医事法と生命倫理の交錯――唄孝一の「ELM の森」を歩く

克則『被験者保護と刑法』（成文堂、2005年）参照）。唄先生の本意で
ないところもあるかもしれませんが、特に、さきほど取り上げた先
端医療ないし先端技術の領域ではグレーゾーンが多いわけです。そ
ういうところでは、すべてを法で解決できないところもあるわけで
すが、そうかといって、法もそれを放ってはおけません。そこで、
私のこの理論によれば、実体法上の禁止とか許容とか言うだけでは
なくて、倫理委員会等による適正手続（デュープロセス）の保障を
取り込んで、併せて考えていく必要があるのではないか、というこ
とになります。そして、「被害者」と言ってよいか議論はあります
が、技術の発展の傍には「不利益を被る人」も出てくるわけでして、
その際には、すばやく補償（compensation）を行うべきだといった
ようなことも、この中に盛り込まれております。それと関連して、
メディカル・リサーチおよびリサーチ・ガバナンスにおけるコンプ
ライアンス体制を確立していけば、ますます強靭なシステムが構築
できる、と考えています。そして、これを推進していけば、多少と
も、唄先生が目指しておられた「ELM の森」で出された問題提起
に対する解答のひとつになるのではないか、と思っております。

　しかし、まだまだ私自身もきわめて不十分なところがあり、勉強
が足りないところが多いものですから、今回あらためて、この「ELM
の森」の深さを自覚した次第であります。

　最後に、信頼に基づく持続可能な医療体制の構築について一言述
べます。言うまでもなく、医療は安全でなければいけませんし、そ
れを担保するには持続可能な医療供給体制を確立しなければなりま
せん。現在、医療法第 6 次改正に伴い、いろいろな医療制度全般の
改革がどんどん進んでいますが、人的・物的体制の確保も大事です。

　明治大学のこの「ELM 資料館」の果たす役割は、今からますま
す重要になるでしょう。そこで、最後の結びの言葉ですが、ある者

28

は「唄孝一の『ELM の森』」を抜け出して、またある者はそこに留まって、内外からこの森を見直して、それを基礎にして「新たな ELM の森」を再生してほしいと思います。この「ELM の森」を枯らしてはならないわけです。せっかくできたこの「ELM の森」をどういうふうに今後活用していくかということが、本日お集まりの方々に課せられた課題ではないかな、と思っております。

　以上、雑駁ではございましたが、私の講演とさせていただきます。どうもご清聴ありがとうございました。

2

大震災と人権問題

● 1 はじめに

　ただ今ご紹介いただきました、早稲田大学の甲斐と申します。本日は、『大震災と人権問題』と題して話をさせていただきます。

　しかし、私は大震災の問題の専門家でもありませんし、本来の人権論プロパーの専門家でもありません。ただ、この話をいただいたときに、どういう観点から話ができるかを自分なりに考えて、お引き受けした次第です。

　それは何かと言いますと、ほんの少し前の今年（2011年）の10月15日と16日に、第23回日本生命倫理学会が『生命倫理と法』という総合タイトルのもとで、早稲田大学で開催されまして、私が大会長でした。ちょうどその準備段階の3月11日に東北沖を震源地とする東日本大震災が起きましたので、大会でも、特別セッションとして『大災害をめぐる生命倫理と法』という特別緊急ワークショップを設けました。ちょうどそれと前後して今回の講演依頼のお話があったものですから、私も、この問題をそれ以来ずっと考えてきました。

　言われてみると、阪神・淡路大震災のときもそうでしたが、大震災というのは、生命倫理と深く関わる問題であるし、場合によっては医療問題とも深く関わるし、何よりも人権問題と深く関わるということで、私も法律学の研究を30数年やっておりますので、やはりこの問題について何らかの自分なりの考えをまとめなければいけない、と思ってお引き受けした次第です。

31

◆ 2 ◆ 大震災と人権問題

しかし、今日は、一方的に私が話すというよりは、むしろ皆様も一緒に考えていただき、あとからいろいろ質問を受けまして、教えていただきたい、と思う次第であります。

今年（2011年）の3月11日、私は帰宅難民になりました。先生方の中にも、もしかして、東京近辺に出張か何かで行かれて、そういう体験をされた方がおられるかもしれません。私も当日、日本弁護士連合会のビルの10階で東京第二弁護士会の懲戒委員会に委員として出席し、審査の真っ最中でした。午後2時46分ころでしたか、ものすごい揺れがありました。今まで体験したことのないような揺れで、横揺れと、しばらくして縦揺れが来まして、もうこれは「関東大震災かな」、「直下型地震かな」、と思って覚悟した次第です。

ところが、どこが震源地か、最初は情報が正確に掴めないものですから、どう動いてよいかわかりません。ちょうど日弁連のビルの前が日比谷公園でしたので、下を見たら続々と人が集まっております。私も、弁護士会の会議はこれで終わりかなと思ったら、委員長が「地震が少し収まったので再開します」と言って、結局最後までやることになりました。その間、何度も余震が来て、「さあ帰ろう」と思ったら、地下鉄も動かないため帰れずにいました。こういうとき、皆が取る行動は同じでして、ある人はとにかくタクシーを早く捕まえようとタクシー乗場に殺到していました。ところが、こういう状況でタクシーが捕まるはずがありません。仮に捕まえても、首都高速は通行止めでストップ状態ですし、街中は自家用車で迎えに来る人もたくさんいますので、大渋滞で、自動車での移動は無理だと判断しました。バスが辛うじて動いていましたけれど、大渋滞で、予定どおり運行できない状態でした。地下鉄はと言うと、当面は安全確認のために運休していましたし、もちろん、JRもストップでした。

32

したがいまして、日弁連の会館か日比谷公園で一晩過ごすか、などと考えていました。中には自宅まで歩いて帰るという人もいました。実際、知り合いの中には、6〜8時間かけて自宅まで歩いて帰った人もいました。しかしながら、私は、自宅が所沢市ですので、もっと遠いものですから、歩けないことがわかっていました。結局、この会議で一緒だった西田典之教授［当時学習院大学教授・東京大学名誉教授］と一緒に、その方が顧問をしている濱田法律事務所に一晩緊急に泊めていただきました。というか、交通機関が回復するまで、場合によっては「翌朝までお願いします」ということで飛び込みました。そこの事務所では、弁護士の方や事務員の方に本当にお世話になりました。翌朝の4時過ぎにやっと地下鉄が動き出したので、西田教授と共に、何とか地下鉄を乗り継いで自宅まで帰った次第であります。その間も余震がすごかったですね。

　震源地を知ると、東北沖ということでありました。ご承知のとおり、あの地震は、最初は、強烈な揺れと、それによって発生した津波でした。そして、津波による被害の甚大さばかりがテレビに何度も映されて、「これはすごい地震だ」ということがわかったわけです。ところが、しばらくすると、3月15日でしたか、今度は、東京電力福島第一原子力発電所の事故に繋がるわけです。この原発事故の方が、むしろ、後遺症の大きい部分があるかもしれないですね。いずれにしても、今回の大震災は、津波に伴う被害と原発に伴う被害と言いましょうか、かつて体験したことのない、未曾有の特異な大規模震災でした。

　そうであるがゆえに、問題点がいろいろな形で浮き彫りにされた、と言えましょう。数日間、電車も動かなかったものですから、私は、家から出られなかったのですけれども、計画停電もありまして、結局、地域毎に順番にあちこち電気が止まるということで、日常生活

◆ 2 ◆ 大震災と人権問題

もままならない状況が数日間続きました。

　だんだんと情報が明らかになってくるにつれて、もし今後、原発関係の被害が拡大すればどうなるだろうか、という不安が、東京だけではなく、東日本全体に随分と広がったのを、ついこの前のことのように思い出します。

　私は、3月19日から、スペインのバルセロナでの臓器移植の調査とフランスのトゥールーズ大学でのロボティクスの問題と少年問題の国際会議があるため、特に後者の国際会議については責任者でもあったので、そこに行かざるをえませんでした。ヨーロッパへ行くと、日本での地震と原発事故についてすごい反応がありました。スペインの人の方が割合冷静だったかもしれませんが、フランスは原発大国ですから、日本に救助の手を差し伸べるという半面、トゥールーズに行ってみるとかなりパニック状態でした。「大丈夫か？」という言葉と、被災者への追悼の念の言葉をいただいたのですが、フランスでは、日本にいるフランス人に対してかなり素早く日本からの避難命令を出して、チャーター便の飛行機を使ってフランスに帰国させた、という対応をしたわけです。それくらい原発の怖さを知っているということです。

　そのときにドイツには行きませんでしたが、ドイツには留学中の三男のほか、知人がたくさんいるので、連絡や見舞いのメールがいくつも来ました。「もう日本はしばらく核に汚染されてダメかもしれないから、ドイツに避難してきたらどうか」、というメールをもらった知人もいます。とにかく、ドイツの反応が一番すごかったですね。ご承知のとおり、ドイツのメルケル首相は、ドイツ国内の原発を全面停止するという策を打ち出したわけであります。そういうことで、あの時期というのは、とにかく国内外共にすごい状況下でした。帰国しまして、だんだんと状況がわかってくるにつれ、大変

なことになっていることが改めてわかった次題です。

　その後、大震災関係のいろいろな雑誌が出ております。私が手に持っているのは、朝日新聞出版が特集した報道写真集『東日本大震災』（2011年）です。これを見られた方もいるかもしれません。この種の雑誌が何冊か出ておりますが、これが一番詳しかったので持ってきました。今回の大震災は、今まで人類が体験したことのない部分があるわけです。つまり、大震災と言っても、実は地震だけからしますと、今までも、阪神・淡路大震災とかチリの大地震とかスマトラ沖の大地震など、いろいろな大震災があったわけですが、今回の大震災は、原発事故が絡む複合的な大震災であるということから、人権問題として考えた場合に、いろいろな問題点が考えられます。

　まず冒頭に申し上げておきたいのは、大災害のときに人権侵害が起きやすい、ということです。私も法律家として、歴史をあれこれ調べています。震災の種類もたくさんありますけれども、やはり何か災害があると、必ず人権侵害が起きやすい、と言えます。なぜかと言うと、当然ながら心理的にパニック状態を起こしますから、通常は取らない行動を多くの人が取りうるわけです。それでも日本人は、今回、割合規範に忠実に、かなり整った行動を取って、他者を害する行動に出る人は多くなかったわけです。これは、海外から「日本人の美徳だ」と誉められたところです。したがいまして、人権侵害は比較的抑えられた方ではないかという気がします。しかし、よく考えてみると、いろいろな問題点がそこに潜んでいることがわかってきました。

　何よりも、被災者の生存権です。やはり、一気に多くの人が命を失うということは、本来生きたかったであろう人が、否が応でも命を奪われることになるわけですから、自然災害だからやむをえない

35

◆2◆ 大震災と人権問題

部分もあるとはいえ、短時間の間にどれくらいの人命が救えるか、が重要になります。もちろん、これは、本当にまさに綱渡りのようなところがあるわけです。この報道写真を見ても、——皆様方もあれこれご覧になっていると思いますし、よく出てくる写真です——瓦礫の中から辛うじて救助された人がいたりしていますが、圧倒的に多くの亡くなった人たちは、短時間で津波にさらわれるなり、あるいは瓦礫の下敷きになるなりして、死んでいったということです。

　この状況の中で、「生存権」というものについてどう考えるか、これは1個の大きなテーマです。あとで述べますとおり、憲法25条が保障する生存権を、こういった震災のときにどう守ることができるのか、というのが今日の講演の1番目の柱です。救助を受ける権利というものも、当然あるわけです。

　それから2番目の柱は、その後に怪我を負った人たちの人権問題です。辛うじて助かりはしたものの、治療を受けなければいけないのに、病院も被害に遭っています。あるいは医療関係者も被害に遭っています。その中で、いかにして被災者の治療を受ける権利を保障するか、これも、実は大きな人権問題です。しかし、通常の医療・治療を受ける権利とは、少し違う問題がここに出てきます。どういうことかと言いますと、あとからも述べますが、多くの人が一気に施設に搬入されますので、一体誰をどういう順番で救助するか、という難問があります。この問題について、医療現場の関係者の苦悩は、測り知れないものがある、と思います。しかも、津波による被害に加えて、原発事故の被害です。原発事故関係は、少し違った様相を含んでいます。医療関係者も含めて、人材がそこに残ってくれるかどうか、すなわち、病院で働く人材、医療を提供する側の人材をいかにしてそこで確保するか、という大きな問題も出てきます。

　それから、3番目の柱は、プライバシー権です。この写真集にも

出てきますが、当初は、小・中学校の体育館とか公民館とか、いろいろな避難所があるわけですが、こういう場所でプライバシー権をどう確保して生活するか、ということです。その後、仮設住宅ができはしましたが、それまでは、しばらくの間、限られた空間で、共同の避難生活を送るという問題が出てくるわけです。この場合のプライバシー権の問題は、よく考えないといけないですね。

　それから、4番目に、さきほど取り上げた原発事故と人権です。これは、もう少しグローバルな話になってきます。これは、要するに、「科学技術と人権」という大きな問題と関係するだろう、と私は考えております。おそらく、今後人類は、否が応でもそういう問題と直面し続けざるをえない、避けて通れない問題ではないか、と思っております。それと関わる問題として、遺伝子検査の問題があります。つまり、福島県を中心に放射線量のチェックが行われていますが、体内被爆も含めて、長期間のフォローが必要です。そのときに、遺伝子検査が始まりつつありますし、すでに実施されているところもあるようです。この写真集の中にも、福島の小学生に対して遺伝子検査をしている場面が載っており、これがかなり本格化しつつありますが、この遺伝子検査をめぐる人権というのも、考えておかないといけない、ということです。この問題は、科学技術と人権に関する問題とも関係します。

　したがいまして、講演の柱として、以上の4本程度を立てて、お話をさせていただきたい、と思っております。

● 2　被災者の生存権

　第1に、被災者の生存権という話です。とにかく、大津波による大量の人命損失という事実があるわけです。こういう人々の生存権について、「もう亡くなった以上、生存権は考えなくてよい。」とい

◆2◆ 大震災と人権問題

うわけにはいかない部分があります。どういうことかと言いますと、やはり津波は繰り返される、という点です。過去、三陸沖でも、大津波を伴う大地震が明治時代にもありましたし、何十年かおきに、あるいは400年おきに周期的にやってくるということが、少なくとも日本では予測されるわけです。そうすると、長期的展望に立った生存権確保を考えていく必要があるのではないか、と考えます。これは、亡くなった人々の死を無駄にしないという意味でも、後世に伝えて対策を練っておくべき重要な課題であろう、と考えています。これは、都市計画とか「まちづくり」の問題ですね。やっと三陸沖も含めて、街の復興が始まっておりますが、そういうときに、過去の明治の大津波を教訓として、街を少し高い方へ持っていった地域もあって、うまく災害を免れた方々もおられるわけですけれども、これについては結局のところ行政の課題だ、と思います。何十年に1回、百年に1回、あるいは今度みたいな大規模な地震は千年に1回とも言われているくらいですけれども、今後もまた起きないという保証はありません。早速、東海沖とか南海沖とかで、今回の地震をきっかけに触発されてまた大地震が発生するのではないか、と言われているわけであります。そうすると、ある程度そういう事態が予測される中では、生存権の確保のために国がやはり責任を持つことが大きな柱の1つだ、と思います。

　ところが、これを実現するには、なかなか難しいところがあります。住んでいる人は、その場所をどういうところに移転させたらよいか、悩むでしょうし、住居の確保の問題も絡みます。すでに家が壊れた人たちは、移転を余儀なくされますし、元のまま残った家の人でも、「街並みを全部移転する」と言われるとき、その人に対して、しかるべき強制権限を行使して、一体どこまで居住地の制限ができるか、ということも、生存権と深く関わってきます。これは、

38

法律では行政法という領域に入っていきますけれども、おそらく長期的な展望に立って議論をしながら実践していく必要があろう、と思っています。

つぎに、救助された人々の生存権です。これは、さきほど来、少し取り上げたわけですけれども、まずは救助直後の生存権をどう確保するか、が重要です。自衛隊をはじめ海外からも応援隊が駆けつけて人命の救助に当たったわけですけれども、この中には、阪神・淡路大震災のときもそうでしたが、やはり、隔絶される所がある場合、なかなか近づけないようです。

その中で、まず最低限の生存確保のために、食糧とか水をどう確保するか、ということが喫緊の課題です。これは、私が言うまでもなく、当然ながらご承知のことと思いますけれども、今回は被災地が予想以上に広かったものですから、なかなか救助隊も近づけない状況が続いたわけです。ヘリコプターとかその他いろいろな手段を使ってやったけれども、後手に回ったところがありました。その中で人命がまた新たに失われていく、というケースがあったように聞いています。食料と水というのは、ライフラインとして最低限確保すべきものなので、これもさきほどの話と同じですが、都市計画を策定する中で、どういう所に水なり食料なりを確保しておくかは、やはり長期的展望に立って検討すべき課題の1つだろう、と思います。

東京でもいつ大地震が発生するかわからないというわけで、結構具体的に、例えば、コンビニとか役所等、いろいろな所で、震災時にはそこで食料等を供給できるように備蓄計画を進めています。おそらく、今後日本では、どこで地震が発生してもおかしくないように思われますので、お互いにどういう所に行けばそこに何が——特に食料と水が——あるということがわかるようにしておくことが必

◆ 2 ◆ 大震災と人権問題

要だ、と思います。

　住居の確保というのも同様で、当面はとにかく住む所がないと、生存権の確保ができないわけです。今回も、避難所があちこちに指定されておりましたけれども、今回の大震災でわかったのは、避難所自体が実は危なかったという所が結構あった、ということであります。

　私は、結局、直接被災地には行っていないので偉そうなことは言えませんが、私の長男がボランティアで、次男が仕事で、それぞれ被災地に行きましたので、いろいろ聞きました。やはり避難所生活を送っている人たちの様子をいろいろ聞いたりしますと、とにかく当面は最低限、雨露をしのぐ場所、避難所があればよい、ということです。しかし、その場所を見つけることが、地域によっては非常に困難であった、ということです。それで、仮設テントを設営したりとか、いろいろな実例がこの特集に載っております。もちろん、テントもなく、救助隊が来て、やっと避難所まで移動したり、船で移動した例とか、いろいろな避難の仕方があったようです。

　この住居の確保というのが、実は、精神的な部分にも随分と影響を及ぼすわけです。救助はされたけれども、精神的なダメージから亡くなった人もかなりいるようです。そのときに一体何ができるか。しかも、この状態が長期にわたればわたるほど、いろいろなストレスも溜まっていく、ということであります。

　健康被害や過度のストレス、人間の心理として、最初の数日間は言わばパニック状態が続きますけれども、だんだん自分の被害状況がわかると、やり場のない怒りに変わるなど、どんどん心理状態が変わっていくということは、すでにいろいろなところで言われているようです。

　初期の対応がいかに大事かということを、今回の大震災でいろい

40

ろな方から伺いました。私は、メンタルケアの関係にも結構知り合いがいます。メンタルヘルスとの関係で、特に高齢者や小さい子どもさんの場合、やはり余震が続きますと、「またあの大規模な地震が来るんじゃないか」という不安と恐れがあります。その中で、一体どういう対応ができるか。医療関係者は病院に行っていますから、避難所に直接そういう人材がすぐに行けるわけではないですね。そうすると、そこで人権問題というのは、いろいろなところに出てきます。

　憲法25条は、ご承知のとおり、「すべて国民は、健康で文化的な最低限度の生活を営む権利を有する。」と規定しています。ここからは、法解釈論上、おそらく災害であっても、最低限度の生活を営む権利は保障されなければならない、と考えられます。

　しかしながら、そうは言うものの、緊急時ということで、権利というものは、そういう場合に制限されるわけです。しかし、制限されると言っても、限度があります。これが、本日一緒に考えていただきたい中身の1つです。

　被災地の方が一気に何百人も、体育館とか小学校に集まって共同生活をします。1日や2日の合宿みたいなことであれば耐えられるし、そういう経験を持っている人も多いわけですけれど、大震災といった極端な経験をした直後ということで、全員の気分が精神的に通常でない状態です。そういう人が一緒に過ごすと、当然ながら通常ではありえない行動に出る、出ざるをえないと言いましょうか、本人がそうしたくてするのではなくて、不安ですから、中には声を荒げたりとか、イライラしたり、あるいは睡眠を確保できないとか、いろいろな問題がここで発生する、ということです。生活リズムも違います。皆が何時に起きて何時に寝るという、普通の生活パターンとはちょっと違います。共同生活になりますから、赤ちゃんの泣

41

◆ 2 ◆ 大震災と人権問題

き声もするでしょう。こういう中で、被災者の方が耐えておられた
という話を随分と聞きました。

　そういう状況下で憲法25条の生存権がどういうふうに関わるか、
という点を考えていただきたいと思うわけです。結局、そういうと
きに、法律は意外と力がないな、と今回思った次第であります。い
ろいろな人の体験談とかを見たり聞いたり読んだりしますと、結局
は、災害時における人権を守ることができるのは、しばらくはやは
り周りの人たちです。救助隊は、しばらく経たないと来ませんので、
当面は、周りの人たちでしか人権を守れない、ということを強調し
ておられる方が結構いました。私も、それに共感した次第です。こ
れと同じことは、阪神・淡路大震災のときにも聞きました。結局は、
何だかんだ言っても、町内会の人だったり、周りにいる人が頼りで
す。従来は、そういうコミュニティと言いましょうか、人と人との
絆が強かった時代には、そういう人がすぐに手助けできたのですけ
れども、日本社会も核家族化になり、社会も随分構造が変わったと
いうことで、人々の繋がりがあまり強くなくなったということは、
常にいろいろなところで指摘されていたのですが、この大震災を契
機に人々の「絆」の重要性が再認識されています。こういう大震災
のたびに、結局は人権侵害を防止するため、そういうときに役立つ
のは人々の繋がりと言いましょうか、連帯であるということです。
このことは、直接そういう仕事に携わった方も言っておられます。
自分たち救助隊が行く前に、地域なら地域のそういう関係の人々と
の繋がりの中で、緊急対応をする必要があるとのことです。そして、
特に一番しわ寄せが来るのは、いつも高齢者の方ですし、それから
障害を持った方、動けない人、子ども、場合によっては女性です。
ということで、一般に言われる体力的に弱い順に犠牲になる、とい
うことが多分にある点は、注意を要します。それを支えるのが、結

局は地域の連帯だということです。自らの救助がすっと行動に出る
ようなコミュニティづくりと言いましょうか、これが一番大事では
ないかと言われているのも、一理あります。それから、とりあえず
最低限「これだけはやるなよ。」という事柄をお互いに共有してい
くこと、そういう人権感覚をふだんから持っておくこと、そういう
関係をつくって権利を守ることがなされないと、なかなか災害時に
そういう行動が取れないと思います。そういうことを指摘している
人がいて、私は、それに非常に共感を覚えた次第です。

　ですから、災害時こそ基本的人権をしっかりと考える必要がある
し、そのためにはふだんから何をやればよいか、ということを考え
ておく必要があります。「人権というのを、身構えて特別なことの
ようには考えない方がよい」し、「日常生活の中に人権問題がある
んだ。」と、私は、学生にも言っております。しかし、災害ですか
ら、皆がパニックになっています。その中でどういうことができる
か。これは、直面してみないとわからないところがありますけれど
も、私が学んだことは、やはり自らの人権は自ら守るという意識で
しょう。「自ら」というものの、１人だけでは守れないことも事実
です。したがいまして、社会との連帯の中で自らの人権を守ること、
その意味でコミュニティの大事さ、そういうことが、今日言いたい
ことの１つです。それに耐えていれば、やがて救助隊や支援者も
やってきます。そこから先は、すべてをコミュニティでやると言っ
ても限界があります。いろいろな救助手段とか食料や水の確保、そ
れからさらなる避難所の確保とか、そういったものは個人でやるに
は限界がありますから、国や地方の行政の助けがないと実現できま
せん。そこに繋ぐまでの生存権の確保という視点からいきますと、
今のようなことを考えておく必要があるのではないか、と思うわけ
です。

◆2◆ 大震災と人権問題

「コミュニティが大事」と言ったのはなぜかと言うと、「あそこに行けばこういうお爺さんやお婆さんがいて、あそこには寝たきりの動けない人がいる。」というような情報がわかるからです。これは、プライバシー権の問題とぶつかります。ふだんですと、あまりそういうことに干渉し過ぎると、プライバシー権の侵害になります。しかし、事情を知っているということとプライバシー権侵害は、同一ではありません。最低限の生活状況の中で、「こういう状況にある人がいる」ということを相互に知っておきますと、速やかに行動が取れるということです。

● 3 治療を受ける権利

第2に、治療を受ける権利です。ここは奈良県立医科大学ですから、医療問題では県内の中心である、と思います。大震災時において、負傷者が治療を受ける権利をいかに保障するか。これは、結構難しい重要な問題です。これは、何も地震の場合だけの問題ではない、と思います。台風もやってきますし、その他突発的な災害、さらにはテロによる場合も予測されます。現代社会は、「リスク社会」とも言われています。従来予測しなかった被害が、一瞬にして大量に発生する点では、過去の比ではない時代になっております。

そのときに、一番重要な助けになるのは、やはり医療機関です。今回の大震災でも、医療機関が損壊したりとか、あるいは機能を喪失したということが随分報道されました。しかし、中には残った病院もあるわけです。

怪我もせず、病気もせずに残った人は、さきほど言いましたとおり、避難所で、本格的な救助が来るまで何とか耐えれば、そこから先の道は拓けるわけですが、震災時にすでに一定の怪我を負った人がいた場合、その人は、やはり医療の手助けなしには、これ以上ど

うにもならない状況に追い込まれます。そういう人を多く救うのも、もちろん医療の使命だと思うのですけれど、こういった病院自体の機能が弱まっている場合、どうするか、が問題です。マンパワーがまず足りなくなります。病院の関係者でも、冒頭で申しましたように、被災者となった方々がいるわけです。自分の状況を顧みずに、病院に寝泊まりして被災者のために尽くしたという人もおられます。これは、三陸沖のいくつかの病院もそうですし、福島の原発事故後の地域の病院でもそうです。

　私の知り合いに医療関係者も結構いまして、例えば、福島県立医科大学の医学部長をされている大戸斉先生からメールがよく来ます。子どもの輸血拒否の問題で一緒にガイドラインを作るために共同研究をした仲間でもあります。その大戸先生から、こういう状況の中で病院がどういう事態になっているか、病院の関係者がどれだけやっているか、その大変さについて生の情報を何度かいただきました。薬剤にしても、福島の場合と三陸沖の場合では、一緒にできない部分があります。三陸沖の場合は、地震による津波で薬剤も流出したりとか、医療器具も損壊したりしています。しかしながら、その中でできることをやった病院も紹介されていました。これは、医療関係者に頭が下がるところです。

　問題は、それを前提として、そのような状況の中で病院がいかに被災者を救うことができるか、ということです。仮に病院に一定の機能があったとした場合でも、大量の人が病院に運ばれてきます。その人たちには、いろいろな疾患や怪我があろうかと思います。これは、日常の救急医療でも同じです。しかし、どういう患者さんをどういう順序で救助していくか、つまり「トリアージュ」という問題が、災害時にはもっと深刻になります。おそらく病院全体がパニック状態ですから、この問題は、医療関係者だけで解決するには

45

◆ 2 ◆ 大震災と人権問題

限界がある、と思います。しかしながら、その中で何ができるか、ということを考えていただきたいわけです。今日はせっかく奈良県立医科大学が会場ですので、この問題も一緒に考えていただきたい、と思います。

　日常の救急医療でも、複数人が同時に運ばれてきた場合、例えば、2001年にアメリカで起きた9.11のテロのような場合も、このような話があったと聞いております。救うべき人は誰か、という問題設定をしても、人の命に順位はつけられないのが大原則です。しかし、そうは言っても、助かりそうな人から助けていくという医療現場での感覚もありましょうし、そうせざるをえない場合もあるでしょう。特に地震の場合だと、もっともっと被害者が増えるわけですから、通常の治療とはやはり異質なものがあります。まずなしうることは、最低限の救命措置ですかね。救命と言っても、医療機器が壊れている以上、人工呼吸器とかそういう専門的な器具を使うには限りがあります。そのような状況の中でできることと言えば、医療関係者の方がより詳しいと思うのですが、安静にする場所の確保とか、あるいは水の確保とか、最低限必要不可欠なものをまず確保する、ということでしょうか。その時点で当該病院に薬剤が一体どれくらいあるか、というようなことは、ふだんから、この病院にはどういう薬剤がどこにどれだけあるか、ということをきちんと確認しておかないと、咄嗟のときには判断できないだろう、と思います。

　しかも、スタッフの何人がそれに携わることができるか、ということも重要です。医師、看護師、その他コ・メディカルの人も併せて、いろいろな対応をするだろうと思うのですが、結局、限りがあります。他方で、医療関係者の数も、今言ったように、限りがありますから、「何日間も徹夜した。」という話を聞きましたけれども、長くなればなるほど、過酷な労働条件の下で救助活動をやらざるを

えない、ということです。

　結局、そういう中で、法律論で言う「人権」などということをこ
こで言っても、本当に限界があるな、という気がするわけです。で
は、それに代わる、「人権を可能なかぎり保障するもの」とは何だ
ろうか、ということです。さきほど「生命倫理」という話を冒頭で
しましたけれど、そういうときに、私は、やはり最後に頼りになる
のは、法律論ではなくて、広い意味での生命倫理とか、あるいは
「医の倫理」ではなかろうか、それに頼るほかないのではないか、
という気がしております。どういうことかと言いますと、緊急時に
いくら法律論を持ち出して「人権」と言っても、法律というのは、
そういう緊急時を想定していろんなものを保障したりするには限り
がある、という前提ででき上がっている部分があります。つまり、
「想定外」という言葉を使われると、「そうだったら、もうこれ以上
はできないですね。」ということになります。「法は不可能を強いる
ものではない。」という大原則が、ローマ法以来あります。したが
いまして、私は、この点が、法と生命倫理の関係を考えるうえで非
常に重要だ、と思っています。先日の第23回生命倫理学会を『生命
倫理と法』という統一テーマで開催した、という話を冒頭で申し上
げました。『大災害時における生命倫理と法』というテーマを特別
セッションとして設けたのも、法も倫理もそこで役に立たなかった
ら、誰がどうやって手を差し伸べるのか、という問題意識からです。

　結局、最後は、緊急時にあっても、医療関係者の、その置かれた
条件下で可能な範囲で救助の手を差し伸べるという倫理観に頼るし
かない、というのが解答ではないか、と思います。当面の震災直後
の対応としては、それしかありません。しかし、これにも限界があ
るということも指摘したいと思います。そこから先は、国の支援と
か海外からの支援が必要です。それも含めて、本格的な救助が来る

◆ 2 ◆ 大震災と人権問題

まで何とか自助努力でそれで支えるほかありません。おそらくそれを支える基になるのは、生命倫理ではないか、という気がするわけです。

その中で、もう1つ重要なのは、メンタルケアです。これは、もちろん、専門家でなければできない部分もありますけれども、私はもっと日常的に、こういう問題に関心を持ってくれる人が増えればよい、と思っております。精神対話士を派遣する日本メンタルケア協会という組織もありますし、その他いろいろな精神面のサポートをする動きが、日本でも少しずつ広がりつつありますけれども、絶望感に陥った人の心の傷をどうすれば緩和させることができるか、ということです。

これは、実は日本だけでなく、いろいろな国の災害でも言われているわけで、本格的な研究も始まっているようです。日常的に市民ができるものと、もちろん専門家ができることと、両方があるわけですけれど、いきなり専門家が現地へすぐ行けるわけではありません。その間にできることを支えるためには、さきほど来言っていますコミュニティと言いますか、そういうものを活かしていくことが重要でしょう。それのみならず、ふだんから、困った人にどう接すれば支えになるか、ということを考えて実践していくことが重要だ、と思います。ただ単に「頑張れ」という言葉だけでは、むしろマイナス効果ではないでしょうか。大震災直後、テレビのコマーシャルで「頑張ろう」という言葉がやたら出ましたけれども、あのような言葉だけ言っても結局は助けにならない、と思います。その後は、「頑張ろう」とあまり言わない方がよい、とも言われ出しています。

絶望の淵にある人にどういう言葉をかけたらよいか。下手に激励するよりも、徹底して話を聞く役に回ったりする方がかえって効果がある、と言う人もいるくらいです。私は専門家ではないので細か

いことはわかりませんが、そのあたりのことを、こういった集会で
議論していただくと大変ありがたい、と思っています。

● 4 プライバシー権

第3に、「プライバシー権」の問題があります。これは、法律論
です。実は、法律論としてこういうときに言える問題は、生存権の
ほかに挙げるとすれば、プライバシー権でしょう。避難所でのプラ
イバシー権の問題は、非常に重要です。ふだんプライバシー権は、
あまり意識しないこともありますけれども、冒頭でも申し上げまし
たように、限られた共有空間で一定程度の長期間の共同生活を余儀
なくされる中で、通常であれば各家庭なり自宅で、のびのびと会話
ができます。ところが、避難所のような空間では、話さえも十分で
きないわけです。

この写真集でも、とりあえず仕切りを作って過ごしている、とい
う光景が出ております。そういった限られた空間に閉じ込められた
状況では、まず一番気を遣うのは会話ですね。のびのびと会話がで
きないというのは、一晩くらいはともかく、数日間が限界でしょう。
会話に一番気を使うというのが、いろいろな情報誌を見ても載って
おります。

しかも、話し言葉は、当然ながら人によって声の大きさも違いま
す。子どももいるでしょうし、いろいろな年齢層の人がいます。そ
の中で、さまざまな話があちこちで飛び交います。そうすると、聞
きたくもない話も入ってきます。ここで問題点が、2つあるわけで
す。自分たち家族にしか知られたくないきわめて私的な話が外に漏
れる、という意味でのプライバシーの問題と、聞きたくもない話題
なり話が否が応でも入ってくるという問題、この二重の問題がある
わけです。避難所によっては、例えば、体育館に仕切りをしただけ

◆2◆ 大震災と人権問題

の所もあるし、仕切りさえない所もあります。とにかく広い所で一緒に共同生活をする場合は、仕切りがあったとしても、空間的に、上の方が空いていますから、結局は他人の声が聞こえてきます。地域によっては、体育館の中でもテントを設けた、という所があります。この写真集に載っていますけれども、今回の大震災で、体育館とかにそういった避難用のテントをわざわざ、屋外でなく屋内だけれども用意しています。何のためかと言うと、最低限のプライバシーの確保のためです。これは、テントがない場合と比較しても、随分違います。会話という観点からもそうですし、また当然ながら、着替えとかといった観点でも重要な配慮です。長期生活になりますと、一番プライバシー権の侵害を受けるのはやはり女性だろうと思います。そういうときに、プライバシー権の確保をどうするかは、重要な問題です。

　そのためには、ふだんからそういう備えを今後考えておく必要があるのではないか、ということです。今までは、そこまで十分考えられていなかったようです。中には考えている自治体もあったようですけれども、不十分であった気がします。これらは、いわば常備薬と言ってもよいくらいの必需品です。トイレなんかも、大変深刻な状況がケースによっては発生するでしょうし、それから入浴もほとんどできなくて、しばらく経ってやっとお湯を確保して、1週間ぶりに入れるという人もいたようです。

　いずれにしても、こういう日常的なことが当たり前のようにできないとき、プライバシー権の侵害が起きるわけです。通常のプライバシーの問題と違って、最低限侵してはならないプライバシー権というのがある、と思います。会話などはある程度やむをえないところがあるとしても、それ以外のもの、特に身体的なプライバシー権に関するものについては、緊急時であっても保障されるようにしな

ければいけない、と考えます。これは、先ほどの生存権の問題と同じであって、レベルとしてはかなりセンシティブな部分に入ってくる、と私は思っています。今回、そんなに著しいプライバシー権侵害で法律問題になったという話は聞いておりませんけれども、やはり可能性としてはありうると思います。実際はあったのかもしれませんが、表面化していないのかもしれません。

● 5　原発事故と人権

　第4に、原発事故と人権です。今回の大震災の特徴のかなり大きな部分を占めているのが、東京電力福島第1原子力発電所の爆発事故で、津波とは違った様相を呈しています。どういう事態かというのは、私が説明するまでもありませんけれども、冒頭でも申し上げましたが、この原発事故の問題は、人類に投げかけられた問題です。大変な難問だと思います。

(1) 情報伝達・情報提供

　まず1番目に、大きな問題は、最初から情報がはっきり地元住民や国民に伝わってこなかった、というところにあります。この問題点には、いろいろな意味合いが込められています。このような状況下で企業自体が正確な情報を掴むことができるか、ということが問題となります。東京電力が、当初の情報を、政府との関係で上手く伝え合っていなかった、あるいは関係者相互の連絡が不十分であったというところが、大きな問題です。その結果、対応が言わば後手後手に回ったようです。見方によっては、やむをえないという意見もあったようですけれども、これが単に一企業の問題にとどまらない、ということが重要であります。ご承知のとおり、結果的には相当広域の人々を巻き込んで、大問題になったということです。これを辿っていけば、「想定外の地震が起きたから」という問題と、「い

◆ 2 ◆ 大震災と人権問題

や、想定できたではないか」という具合に、いろいろな問題が絡む
わけです。過去の問題、現在の問題、それから未来に関わる問題、
これらが全部人権、さらには人類の存亡に関わる部分があります。

　これをもう少し広げると、「科学技術の進歩と人権」という問題
に繋がってくるわけです。実は、生命倫理、あるいは法という観点
から人権問題を考えるときに、今回の大震災をきっかけにして、こ
の問題をもっともっと深めて議論する必要がある、と考えています。

　今までも原発事故は、東海村の臨界事故とか、チェルノブイリの
事故とか、いくつかありました。人類はこれまでもいろいろと体験
をしているのですけれども、意外とわが身に降りかかってこないと
危機を実感しない、というのが人間の常と言われています。しかし、
この問題は、少なくとも今の日本であれば、どこで起きてもおかし
くないという状況です。現在、原発が停止している所が多いわけで
すけれども、浜岡原発は、東海沖地震が想定される中で、停止状態
を余儀なくされたわけです。半年前の大地震が発生する前であれば、
そんなことを皆考えなかったのですが、今回、人々は、この問題の
重要さを改めて自覚し、学んだわけです。これをどう活かしていく
か、これを人権との関係で考えていきたい、と思います。

　何しろ原発の問題というのは、今いる人の生命や健康が害される
ということのほかに、次世代以降にも関わる問題というところに特
徴があります。今日の後半で私が訴えたいのは、そういうテーマで
す。

　よく「地球環境」などと言われます。環境問題が随分とクローズ
アップされてきていますけれども、これは、実は次世代以降に関わ
る問題です。原発も含めて、科学技術というのは、実は、次世代以
降の人類に対して、今いる人間がどういうことを考えるべきか、と
いう重要問題を内包しています。そう考えていくと、狭い意味での

52

人権というより、「人類の福祉」と言った方がよいかもしれません。あるいは、結局「人間の尊厳」という問題にも帰着します。「人間の尊厳」を守っていくためにはどうすればよいかを考えざるをえない、と私は思っております。

　そのときに、今いる直接の被災者との関係では、人権侵害があったら損害賠償の問題で決着がつきます。しかし、将来については、賠償を考えることができないわけです。したがいまして、将来との関係では、広い意味での予防によって、可能なかぎりリスクを抑えていく必要がある、と思います。科学技術の進歩はおそらく止まらない、と思います。科学技術と言ってもさまざまです。原発の技術もその1つでした。人々は、原発を使えば、おそらく電力供給の効率が良く、環境も守れるだろうということで開発してきたわけですけれども、皮肉にも逆の結果になってしまった、ということです。おそらく、一気に廃止ということにはならないかもしれませんし、国によってはまだまだ原発を導入する国も出てくるでしょう。そういう国でまた同じような事故が起きたときに、日本の今回の教訓がどう活かされるか、ということになるかと思われます。

　したがいまして、その枠組みについても一緒に考えていただきたい、と思うわけであります。実は、日本は原爆でこの問題に直面したことがあります。もちろん、原爆と今回の原発事故とは、まったく同じとは言えませんけれども、私は広島に20年ほど住んでいましたので、原爆の問題とその後の被爆者の問題にずっと関わらざるをえなかった部分があります。特に広島市にある放射線影響研究所の倫理委員会では、遺伝の問題に関わってきました。そのほか、広島県立病院や広島市民病院でも倫理委員会でさまざまな審査をやってきました。そこで感じたのは、今もって広島の原爆の問題は終わっていない、ということです。何十年経っても続く問題です。原発事

53

◆ 2 ◆ 大震災と人権問題

故の問題も同じです。そうすると、問題はそう簡単ではない、ということがわかるわけです。つまり、相当長期的にこの問題を考え続けて、実践し続けなくてはいけない、ということです。

　そこで、どういうことを考えていったらよいか、ということです。1つは、放射能汚染による人体への被害です。これは、今刻々と進んでいるわけで、人権の中の生命・身体に直接関わる部分の、まさに生存権に関わる人権問題になってくるわけです。しかも、体外被爆と体内被爆ですから、被災者と言っても幅広く、従業員も関係してきます。作業に当たっている人たちも、ご承知のとおり、命懸けの作業だったし、今もそうだと思います。今もって、そういう人たちは、作業に関わらざるをえませんし、そうした地域に住んでいる人々の不安も、おそらく想像を絶するものがあるのではないか、と思います。放射線の蓄積により、いきなり被害が出る場合もあります。時が経って出てくるという問題、放射線による汚染の問題の難しさは、そこにあるわけです。しかも、2世、3世と続く場合もあるわけです。私が広島で学んだことは、被爆者の遺伝情報が2世、3世へと受け継がれていく中で、そういう人をどういうふうに法的・倫理的に守っていくか、ということでした。

　そういうことから、2002年に第14回日本生命倫理学会の大会が広島市であったとき、私が大会長だったのですが、『人間の尊厳と生命倫理』という総合タイトルで開催しました。『平和都市・広島からの発信』という副題を付けました。つまり、広島・長崎で体験したことというのは、やはり世界に対して相当発信できた部分があります。今回の大震災の中の特に原発事故の問題も、まったく同じではないですけれども、かなり共通する部分もある、と思います。その叡智をここで活かしていくべきだ、と個人的には考えておりますし、広島・長崎と福島の連携も重要だろう、と思います。

54

これと関連して、もう1つ重要な点は、正確な情報提供という問題です。原発事故をめぐって一番混乱の原因となったのは、専門家の間で意見が随分違ったという点と、発信元になる政府の情報の発信自体が揺れ動いた点です。緊急事態ということでやむをえなかったという見方もありますが、日本ではそういう蓄積があるのですから、放射線量の問題に関して、どういう責任でどの機関がどう情報発信していくか、が重要です。法的に強制的に居住制限ないし移動制限を加えることがあるだけに、企業だけに任せていては限界があります。それぞれの情報収集と情報発信が相当大きな意味を持つということを、今回、改めて学んだ次第であります。

　この前の第23回日本生命倫理学会の特別ワークショップでも、専門家の情報がこういうときにこそいかに重要か、情報提供が遅れたのはなぜか、ということを検証して、より正確でスピーディな情報提供ができるようにするシステムの構築が必要だ、と参加者のある人は訴えていました。私も、そのとおりだ、と思います。要するに、それが人体への被害を最小限に食い止め、ひいては人権侵害を可能なかぎり抑える出発点、前提になる、と思っています。

　その後の情報も、割合落ち着いてはきましたけれども、ご承知のとおり、セシウム量の状況とか、まだまだ不十分な情報しか得られていないところもあるようです。放射能汚染の脅威ですね。私の手元にあるのは、毎日新聞の特集記事ですが、その数値が全部載っておりますし、最近はいろいろな雑誌や新聞等にも情報が掲載されておりますので、見ることができるようになりました。しかしながら、国の統一基準として出される「〇〇マイクロシーベルト」とかいう値も、まだまだ基準としてはっきりしないですよね。ですから、この問題は、一気に決着はつかないと思いますが、まずはきちんとした枠組みを作っていく必要があると思います。

55

◆ 2 ◆ 大震災と人権問題

(2) 治療による対応とその限界

　2番目は、「治療による対応とその限界」です。放射線被害の治療というのは、実は随分時間がかかります。しかも、長期的な経過観察も必要です。治療で治るものもあるし、そうでないものもあり、なかなか難しいのが放射線による被害と言われています。

　日本は世界でも放射線被害の治療が相当進んでいる国であり、広島大学にはそういった専門の治療施設・研究施設もあります。そういう所で私は、随分いろいろと話を聞いたり学んだりしたわけですが、それを支えるためには、やはり相当なバックアップが必要です。こういう施設なりで治療をずっと続けるには、もちろん、相当な根気も必要ですし、やはり財政支援というものも随分必要です。めったに起きない事態だからという理由で、こういうものに予算を注ぎ込まないと、いざというときに結局使えない、という問題があります。

(3) 遺伝子検査

　それから3番目に、「遺伝子検査」の問題です。私は長年、遺伝の問題を法的観点から研究をしておりまして、ちょうど今日は奈良県立医科大学での講演ということで、この問題にも少し触れてみたいと思います。

　遺伝子検査は、現在、技術的に進化していることもあって、どんどん普及しており、すごい勢いです。一部では、ビジネスになっています。通常ですと、遺伝子検査が問題になるのは出産の前後です。出生前診断といった問題と連動して、遺伝子検査は、かなり日常的に進んできております。

　そういう出生前診断に関係する問題を除けば、今回の放射線が絡むような問題が遺伝子検査との関係で重要です。この写真集にも載っていますが、福島県では子どもなどに対して遺伝子検査がすで

56

に始まっています。遺伝子検査には「光」と「影」がありますので、難しい問題があります。「光」というのは、検査をすればある意味で「安全」という保証が得られるということから、「良かった」という安心感を片方で得ることができます。これは、出産の場合も同じです。この子を産むかどうか迷ったときに、出生前診断をしたところ、「特に遺伝性疾患はない。安心しました。それでは産みましょう。」ということになります。他方、遺伝子検査をしたら遺伝情報に何か問題があったので、「この子の出産は諦めましょう。」ということになるケースも中にはある、と聞いています。日本では遺伝子検査について正面から規定した法律はありませんが、母体保護との関係でやむをえず認めることになっています。運用上あるいは解釈上、やむなくそういう状況に追い込まれることもあるわけです。

　しかしながら、原発事故被害の場合には、もう少し深刻な問題です。もし、それによって遺伝子にかなり重大な損傷を被った場合、もっともっと深刻な形で後世に繋がる疾患も中にはあるわけです。これは、一概には言えません。これが、遺伝の問題の難しいところです。突然変異ということもありますし、いろいろな疾患がここから出てくるようです。ご承知の方も多いと思いますが、「遺伝情報は特別である。」とよく言われます。それはどういう意味でしょうか。広い意味では、「医療情報」という範疇がありますが、さきほど来述べているプライバシーに関して、医療情報も、プライバシーの多くのものを含みます。個人情報の中のセンシティブ情報がかなり入ってきます。原発事故被害以外の大震災による被害でも、誰がどこを怪我したとか、どんな疾患があるとか、これは医療情報・診療情報です。遺伝情報も、広い意味では医療情報の1つでありますけれども、他の情報と違うところは、原則として、本人が生涯これを変えることができない、ということです。医療情報は、刻々と変

57

◆ 2 ◆ 大震災と人権問題

わっていきます。「熱が出ていた」とか「骨折していた」とかいうことは、治ってしまえばよいわけです。通常の医療情報で言うプライバシー権というのを、「自己情報コントロール権」とわれわれは呼んでいます。これは、新しい権利の呼び方で、さきほど話した会話を聞かれない権利とか、あるいは人から干渉されない権利、「そっとしておいてください。」とか「私に干渉しないでください。」という権利、これが従来型のプライバシー権です。これは、おわかりかと思います。しかし、今やプライバシー権は随分広がっていまして、自分の情報を自分でコントロールするという権利もかなり強調されてきております。これを「自己情報コントロール権」と法律学では呼んでいます。医療情報も、基本的にはそういう部分が現在強調されていまして、自分のカルテに書かれたものについては、病気が治ったのにまだその情報が続いているというときには、自分で確認して「削除してください。」とか、あるいは「訂正してください。」と請求できるわけでして、これがプライバシー権になっています。

　ところが、遺伝情報の難しいところは、それさえもいかんともしがたい、と言いましょうか、自分でコントロールできない部分があるわけです。生まれてから死ぬまで変わらない、よほどの突然変異がないかぎり、その人の遺伝情報は変わらないのです。のみならず、結婚した相手は遺伝情報が繋がっていませんけれども、親子間、兄弟間は繋がっています。したがいまして、その人の遺伝情報を知るということは、その親兄弟の遺伝情報の一端を知ることにもなるわけです。これが実は一番深刻です。これが子孫との関係となると、どうなるか、です。「あの人は、こういう遺伝情報を持った親から生まれた人だ。」というラベリングが付きまとうわけです。したがいまして、遺伝について正しい教育と理解を求めていかないと、偏

見を生み出すことになります。これが今日の後半の１つのテーマで
す。遺伝子差別の問題です。この問題が今、新たにクローズアップ
されているわけです。

　従来、この問題は、原発事故との関係ではあまり議論されてきま
せんでした。以前、私は、遺伝情報の問題についてドイツやスイス
でいろいろ調査をしました。いろいろな国で、この問題に関して法
律を作っています。遺伝子検査についても、どういう場合にどう
扱って、しかも第三者に提供する場合はどういう条件でなければい
けないか、という点を法律で明文化している国が増えました。オー
ストリアとかオランダは随分早くから法制化していますけれども、
ここ数年内にいくつかの注目すべき立法が出てきています。私が一
番良いと思っているのは、スイスの法律です。スイスの遺伝子検査
法は、非常に立派なもので、私は、あれがモデルとなるのではない
か、と思っています。

　遺伝子差別には、３つの内容があります。１つ目は、雇用に関す
る差別です。「こんな遺伝性疾患を持っているんだったら雇用しな
い。」とか、さらに進んで「そもそもこんな遺伝情報を持っている
んだったら雇用しない。」という差別です。これは、イギリスでも
かつて問題となりましたし、アメリカでも問題となったりしていま
す。しかし、それに基づいて差別してはならないという考えが、今
や一般的です。最近成立したスイスとドイツの法律がそうですし、
アメリカの法律もそうです。アメリカでは、特に「遺伝子差別禁止
法」(GINA) という名前になっています。

　２つ目は、結婚における差別です。結婚は、個人間の問題です。
アメリカで一時期、若者の間で遺伝子検査が増えたそうです。その
１つの理由として、「私とあなたが結婚した場合には、遺伝的にこ
んな子どもが生まれるかがわかっているのであれば、婚約はしたけ

59

◆ 2 ◆ 大震災と人権問題

ど破棄しよう。」というわけです。こうしたことが認められるかどうか、という議論が起きました。

3つ目は、生命保険です。「こんな遺伝情報を持っている人は生命保険に入れない。なぜかと言うと、元々こんなリスクを持っているんだから、生命保険に入れたら保険会社が不利だ。したがって保険加入お断り。」というわけです。

以上の3つの遺伝子差別のうち、欧米では、雇用差別と保険差別については、法律で禁止している国が増えました。

こういう問題が今回の大震災、特に原発事故との関係で出てこないように配慮する必要があります。特に現地の人が、「風評被害」のことをよく言われます。この風評には、結構いろいろなものが含まれておりますが、これが、こと遺伝情報に関わってきますと、その人たちは、言われなき差別にかなり苦しむことになりかねません。まかり間違うと、こういう宿命を、あの原発事故からずっと引きずってしまう恐れがあるわけです。こういう事態は何としても避けなければいけないのではないか、と思う次第です。

これと少し異なりますが、出産との関係で、「こんな遺伝情報を持ってこの子が生まれてくるとわかっていたんだったら、なぜ出産の時点で告知してくれなかったのか。」という訴訟（いわゆる wrongful birth 訴訟）、さらには「こんな遺伝情報を持って私が生まれてくるとわかっていたんだったら、なぜ出産の時点で両親に告知してくれなかったのか。」と自らが訴える訴訟（いわゆる wrong life 訴訟）も、アメリカなどでは争われたケースがいくつかあります。遺伝情報の扱いをめぐる問題というのは、それくらい世代を超えて出てくる難問です。

こうした問題に対応するには、遺伝情報に関する「正しい教育」が必要です。遺伝情報というのは、実は、学ぶ場がないんですよね。

私は、早稲田大学で医事法（ロースクール）と医事刑法（法学部）を教えております。必ず遺伝情報と法の問題を、時間をかけて取り上げます。これを学んでおかないと、とんでもない誤解を招くことになりかねないからです。アメリカでは、遺伝情報と法に関する科目は、ロースクールでも必修科目になっています。日本では、このような重要な内容を一般に法学部やロースクールでも教える機会が少ないのです。「君らは遺伝の問題を、私の授業以外でどこかで聴講したことがありますか？」と聞くと、せいぜい高校のときに生物の授業で「メンデルの法則」を学んだことがあるというレベルで勉強が止まっている、というのが一般的回答です。これではよくない、と思う次第です。

　遺伝情報をめぐる問題は、広く社会に、もっともっと日常生活に組み込んで、啓発していく必要のある分野ではないか、と私は思っています。どうしてかと言うと、まかり間違うと、深刻な遺伝子差別をもたらすからです。ましてや風評で、「あんな原発事故被害のあった地域に住んでいた人だったら、遺伝的にこうなるに違いない。」と決め込んでしまうことになると、大変です。しかし、遺伝情報というのは、必ずしも宿命論に帰着するわけではありません。遺伝情報にもいろいろあるわけでして、ご承知のとおり、単一遺伝子疾患というのとそれ以外の多因子疾患というのがあるわけです。例えば、がんですが、発がん性のリスクというのは、多くの人が、何らかの形で遺伝的に持っているわけです。ただし、このリスクがあっても、現実には、発症しやすい人と発症しにくい人がいるわけです。ほかに、食生活ないし生活習慣も大きく関わってきます。喫煙や飲酒も関わってがんが発症することもあります。これに対して、単一遺伝子疾患というのは、その遺伝情報を持っていたら発症するリスクが非常に高い、ということです。その違いを知らない学生も

◆2◆ 大震災と人権問題

結構いたりしますので、私は、授業でいつも注意している次第です。

今回の原発事故でこうした遺伝子検査を実施するのはよいとしても、「検査だけやりましょう、やりましょう。」と言うだけでは、私は不十分だと思っています。併せて、それが持っている意味をしっかりと広く理解してもらう、ということが重要です。これは、おそらく法律論とセットでやらないといけない、と思います。ご参加の先生方も、もし何らかのきっかけがありましたら、こういう話を学生たちにしていただければ幸いです。

(4) 科学技術と人権

4番目に、「科学技術と人権」です。さきほども少し取り上げましたが、現代社会では、いろいろな未知のリスクを伴っている科学技術がたくさんあるわけです。原発事故と同じとは言いませんけれども、似たような現象がまた起きるかもしれません。つまり、予測できない事態が起きる時代になっています。これは、国境を越えてそうであります。その中で、生命倫理・技術倫理・企業倫理が重要になってきます。私は法律家ではありますが、何度も言いますように、「法律には限界がある。」と最近つくづく思っている次第です。ましてや私の専門の刑法というのは出番が少ない方がよい、と思っています。しかし、社会に規範がなくてもよいかと言えば、やはり必要です。要するに、人権を守るのは、法律だけではないのです。最後は法律が守ってくれるし、守らざるをえないのですが、人権の守り方というのは、実は、それ以外の社会規範、あるいは職業規範も重要な役割を有しており、それを支えているのが生命倫理であり、技術倫理・企業倫理、そしてもちろん医療倫理もここに入ります。こういうものを広く学ぶ機会を増やすべきではないか、と思います。

例えば、「企業犯罪」とか「コンプライアンス違反」ということがよく言われます。私は、実は企業犯罪も研究しております。特に

企業のコンプライアンスの研究もやっていまして、先週（2011年10月18日〜23日）はドイツに行っておりました。ハンブルク市にあるマックス・プランク外国・国際私法研究所で、われわれが早稲田大学グローバルCOEの一環で実施した調査の報告をしてきたわけです。企業にも、大枠としては、会社法なり金融商品取引法とか独占禁止法といった基本的な法律があるのですが、結局は、そういう法律だけでは不十分だと思います。やはり、それぞれの企業が持っている本来の「企業は一体何をなすべきか」という企業倫理が重要です。企業だって、例えば、何らかの大きな不祥事がありますと、一気に破綻します。そこには従業員もたくさんいますが、企業が破綻をすれば、従業員全員が、ひいては家族が路頭に迷うことになります。したがいまして、環境問題と同じで、持続的な発展・開発こそが重要でして、これは、医学・医療もおそらく同様でしょう。やはり持続性というのが非常に重要である、と思います。

　そうすると、科学技術の進歩だけが突出することは、問題があり、その適正な進歩を支える背景には、倫理と法、これが不可欠であると言えましょう。それらがルールとしてうまく機能することが重要です。よく私が例として出しますけれども、車のアクセルとブレーキのバランスがとれたコントロールをしていくことが重要です。これがうまく行かないと、社会はバランスを欠いたとんでもない事態になって、ひいてはとんでもない人権侵害を引き起こすことは、おそらく間違いないだろう、という確信を最近は持っております。したがいまして、こういった企業倫理なり技術倫理を、自覚的に、もう少し身近な問題として考える必要があります。実は、こうした倫理は、いろいろな所で古くからあるのだと思います。プロならプロが守り実践すべき倫理、すなわち企業倫理とか技術倫理というのがあると思います。しかし、生命倫理は、プロだけの倫理ではないで

◆ 2 ◆ 大震災と人権問題

す。人の命をどう守るか、という日常生活で誰もが持つことのでき
る倫理です。

　こうした倫理が、結局、最後は人権を支える一番大きな裾野にな
るのではないか、と思っております。この生命倫理教育（もちろん、
法学教育も含めていただければよりよいのですが）を日常的にやって
いくことが、人権を支える基になるのではないか、と考えていると
ころです。大袈裟な学問云々ではなくて、身近でできること、人の
命を支えるために何ができるかを考え、実践することが必要ではな
いか、ということです。この点では、木村利人先生──この方は、
日本生命倫理学会の会長を前回の早稲田大学での大会までされてい
ました──も、そういう発想で生命倫理の問題に取り組んでこられ
ましたが、その意義が最近よく理解できるようになり、奇しくもそ
の点で私も同じ考えになった次第であります。

(5) 情 報 公 開

　5番目には、「情報公開」です。これは、先ほども先取りして言
いましたけれども、あらゆるテクノロジーについては情報公開を十
分にやっていく、ということです。原発事故だけではないのですが、
日本の弱点はここにあります。いわゆる「テクノロジー・アセスメ
ント」というのが弱いですね。やっと最近、これを専門的にやる人
が若手で少しずつ増えてきましたけれども、総じて日本は、高い技
術を持っているけれども、それを上手く評価してどう応用していく
かというところになると、他の国に取られてしまうわけです。日本
は「技術立国」と言われながら、結局これをどう役立てるか、とい
う議論をしないから、そうなるのです。

　例えば、今回の大震災で学んだことの1つに、ロボットの応用の
重要性があります。いろいろなロボットが開発されつつあります。
「ロボティクス（Robotics）」、ロボット学について、冒頭でも述べま

したように、実は本年（2011年）の３月にフランスのトゥールーズ大学で日仏シンポジウムをやりました。私は、『メディカル・ロボティクス』というテーマで報告をした次第です。今回の大震災では、「メディカル」とは言いませんが、少なくとも救助用ロボットをアメリカから借りました。また、フランスの技術も借りました。しかし、最初にロボット技術の基を作ったのは日本なのです。それでは、日本のロボットはどこへ行ったかと言うと、「博物館かどこかに飾っている。」という皮肉な話を聞きました。あれだけ予算も使い技術も駆使して開発したのに、応用の面では全部外国に取られているわけです。これは、情けないですね。「技術立国」と言いながら、「本当なのか？」という疑いの目を持たざるをえない状況がいくつかあります。今回、もしロボティクスが日本で有効に、順調に育っていれば、あの水素爆発を起こしたタービン建屋のように、人が入ることができない所に日本の原発事故調査型ロボットが代わりに入って、正確に情報を把握することもできたかもしれません。あるいは救助にしても、人がなかなか持ち上げられない瓦礫の所に行って救助するという災害救助ロボットが活躍したはずなのに、全部海外に功績を取られているわけです。

　実は今、フランスがロボットの大国なのです。先ほど述べたフランスのトゥールーズ大学も、拠点の１つです。しかし、日本のことも随分意識していました。違う点は、フランスはロボットの倫理も考えつつ、着々と応用に向けて研究を進めている、という点です。フランスがすべて良いとは思いません。日本人から見ると、きれいな素晴らしい国だと思いますけれども、問題が多いからこそ、いろいろな人権問題も考えているところがあるわけです。しかしながら、日本も、そういったところをもっともっと発想を変えて、正確なテクノロジー・アセスメントをやり、その技術をいかにして人命救助

◆ 2 ◆ 大震災と人権問題

その他に役立てるか、というところに力を注ぐべきだ、と考えます。技術と倫理・法の両輪で取り組む必要があります。ひいては、それが人権保護に繋がるということは、十分考えられるわけです。これも、今日言っておきたいことの1つです。

さらに、現在、医療現場でもロボティクスは結構使われつつあって、メディカル・ロボティクスは、応用の場面にかなり入ってきつつあります。もちろん、どこまで進めてよいか、という別の問題は起きます。勝手にロボットが動き出すと、逆に人類が支配されるなどということを今心配している人もいるくらいです。そこで、「ロボエシックス（Roboethics）」という言葉も出てきていますし、「エシックスでは不十分だから"ロボ・ロー（Robolaw）"という法律を作ったらどうか。」と私の友人の粟屋剛教授（岡山大学：現在岡山商科大学教授）も言っております。その他、ナノテクノロジーも日本のお家芸で、日本の技術力というのはいろいろ挙げればきりがないのですが、そういうものの支えとなる倫理や法を、もう少しセットで考えていく必要がある、ということです。

(6) 居住地制限

なお、6番目に、原発事故との関係で居住地制限の問題もありますが、これも、冒頭に先取りして話しましたから、時間の関係で割愛いたします。

(7) 環 境 権

7番目に、「環境権」です。この問題は、さきほど来言っていますとおり、次世代以降に対する責任の問題でもあります。法律上の責任は、さきほど何度も言いましたとおり、過去に対してこんなことをやったから処罰する、あるいは賠償責任を求める、という事後的なものですけれども、環境倫理という観点からの責任は、次世代以降、未来にわたってわれわれが持たなければいけない、という性

格のものであり、これも最後に言っておきたいと思います。

(8) リスク社会と法的責任の限界

　最後の8番目に、「リスク社会と法的責任の限界」についてです。昨今は「リスク社会」という言葉がよく使われます。これも、ある意味で「落し穴」のようなところがあります。一般に使われている「安心・安全」という言葉がありますが、これも気をつけないと、逆の人権侵害が起きることもあります。「安心」は主観的な側面であり、「安全」は客観的な側面でして、両者にはレベルの違いがあります。安心・安全をセットで言い過ぎますと、「あれも危険、これも危険」ということになり、今度は人の行動の自由が過剰に制限される恐れがあります。「危険」という言葉にも2種類あります。英語の「Danger」という言葉は、放っておくと目の前に差し迫った危険が現実化するという意味です。こういう危険からは逃げないといけないですね。これに対して、「リスク（Risk）」というのは、確率論ですから、数値で出ます。これも、しかし、「落し穴」があります。数値が出たから全部解明できる、というわけではありません。例えば、リスクの確率が1万分の1というと、「確率論的には低いな。だったらGoサインを出してよい。」となるかどうか、という問題です。

　これは哲学者の加藤尚武先生——私と学術交流がある方ですが、京都大学名誉教授で、鳥取環境大学の名誉学長でもあります——が、最近、『災害論——安全性工学への疑問』（世界思想社、2011年）という本を出されたばかりでして、この中で、確率論の良いところと悪いところを指摘されています。原発事故のリスクは「確率が低い」と言われていたけれども、一旦起きたら取り返しがつかないので、こういう類の事故と通常の自動車事故や医療事故とを全部一括りにはできない部分がある、ということです。法的責任とその限界を考

◆ 2 ◆ 大震災と人権問題

える場合も、この点に留意する必要があり、私も、加藤先生と同じ
ように考えています。

　専門家の間で、このリスク社会をめぐる議論が今流行しているわ
けですが、気をつけて議論をしないと、どういう意味合いで論者が
使うかによって確率としての数値だけが1人歩きしてしまって、
「これだから安心だ」とか「不安だ」とかいう言葉だけが先に、数
値と共に1人歩きするように思います。それがどういう意味を持つ
かということを、さきほど言いましたとおり、専門家がもう少し情
報提供して、「ここで言う確率が持っている意味はこういうことで
すよ。」ということを広く知ってもらう必要があります。社会啓発
ですが、これが広い意味で人権を守ることに繋がる部分もあると思
います。

● 6　おわりに

　以上、雑駁な講演になりました。まだ話したいことはいくつかあ
るのですが、最後に、簡単に申しますと、今回の『大震災と人権問
題』で、いろいろなものが見えてくるということです。

　さらに根本を辿りますと、結局、「人間はどこから来てどこへ行
くのか？」という問題が人類に突き付けられた、と思います。地球
人口も70億人を超え、今後技術も進んでいく中で、地球環境も含め
て、一体今後人間はどうなっていくのでしょうか。その中で、守る
べき人権とは一体何でしょうか。どうやって人権を守れるのでしょ
うか。こういう問題が問われています。人権と「人間の尊厳」は、
必ずしも同じものではありません。「人間の尊厳」の方がより広く
深いと考えられます。要は、哲学者カントの命題を引き合いにして
よく説かれるように、「人間を単に手段としてのみ用いてはならな
い」という意味で「人間の尊厳」を理解しておきたいと思います。

68

それは、人権と重なる部分が多いですが、不可分・不可譲のもので
あり、一定の場合に制限を受ける人権とは異なります。大震災の中
で「人間の尊厳」をどう保っていくか、その中で人権をどう守るか、
ということが本質的問題だろうと思います。

　地球環境も考える必要がありますし、今述べた科学技術と人類の
共存の道という課題も今後まさに日常生活の中で考えていくべきで
ありましょう。専門家に任せておくべき時代ではない、ということ
を最後に言いたいと思います。「こういう問題は専門家に任せてお
けばよい。」というのではなくて、日常のどこでも、中学校・高校
のころから学校でも、そして家庭でも地域でも、この問題に関心を
持ってもらう必要がある、と私は思っています。

　本日、奈良県立医科大学にお集まりの方々に向けてこういうお話
ができたというのは、私は非常にありがたく思っております。つま
り、自分の勉強にもなり、結局、今回の大災害で人権問題として何
を伝えたらよいのだろうか、ということが少しずつ明らかになりま
した。

　以上、何かまとまりがつかない講演ではありましたけれども、ご
清聴ありがとうございました。

3
尊厳死問題の法理と倫理

1　はじめに

　ただ今ご紹介いただきました早稲田大学の甲斐と申します。本日はこのような貴重な講演会にお招きいただきまして本当にありがとうございます。

　ご紹介いただきましたように、私は、医療と法の問題を、特に医事刑法という観点から30年ほど研究してまいりました。そのうちのテーマのひとつが、尊厳死の問題であります。本日お話する尊厳死の問題は、実は、医事刑法の中でも一番難しい問題ではないか、と思っております。そして、一番深刻な問題であり、かつ現実問題として直面する場合が多い問題です。現在、様々な医療テクノロジーが進歩してきております。人工延命治療の技術も、日々進んでおり、延命させようと思えば無理やりにでも延命させることができる時代であります。

　しかしながら、そこから様々な問題も生じてきております。そこで、本日は、「尊厳死問題の法理と倫理」と題してお話をさせていただきます。実は、これ自体、ひとつの象徴的な言葉です。皆さんの中には、法学部の方が多いでしょうが、文学部の方もおられるかもしれません。「法律と倫理」が複雑に絡み合うのが、この尊厳死の問題です。したがいまして、法律論が中心でありますが、それに関わる倫理の問題についても、本日は話をしてみたいと思っております。

◆ 3 ◆ 尊厳死問題の法理と倫理

　私たちが終末期医療をめぐる問題を考えざるをえないのは、今日、人々が自然に死を迎えるのではなく、そこに様々な人工的な介入が増えてきたからであります。そういう中で、「患者が自己の最期をどう生きるか」、というのが本日の話のひとつのポイントです。これは、むしろ生き方の問題ですから、倫理の問題といってよいかもしれません。そして、これを法的に可能な範囲で実現するには、法律論としてどういうことを考えなければならないか、という点が問題となります。

　まず、生存権が一方にあります。ご承知のように、憲法では生存権を保障しています。医療というのは、何よりも患者の生存権の保障という前提で成り立っているわけであります。それが「自己の最期をどう生きるか」ということとぶつかり合うことがあります。なかなか自分の思いどおりに死ねないのが現代社会です。その中で、生存権の保障をしつつ、その延長としての自己の死の迎え方がどこまで許されるか。これは法律論です。したがいまして、タイトルの後半の「法理と倫理」は、ある場面でぶつかり合います。それを本日の大きな柱のひとつとして話したいと思います。

● 2　安楽死の意義と諸形態

(1) 安楽死の意義

　「安楽死」とか「尊厳死」という言葉を聞いたことがあるかと思います。終末期医療の問題のうち、古くからの大きなテーマのひとつが安楽死です。そして、本日のメインテーマである尊厳死がこれに加わります。もちろん、ほかにも問題はあるわけですが、本日は焦点を絞ります。尊厳死あるいは安楽死とは一体どういうレベルの議論であるか、これをまず理解していただきたいと思います。尊厳死の話をする前に、安楽死について説明しておきたいと思います。

「安楽死」というのは、もともとギリシャの言葉で「良き死」という語源から来ています。英語では「euthanasia」（ユーサネイジア）と言います。ただ、日本語では「安楽死」と訳されています。昔は「安死術」とも言われていました。ところが、「安楽死」という言葉が定着したのは、実は、この愛知学院大学の宗教法制研究所に関わりの深い初代所長の小野清一郎先生が大きく関わっておられるわけです。のちほど取り上げますが、1955年に書かれた論文「安楽死の問題」――これは小野清一郎『刑罰の本質について・その他』（有斐閣、1958年）という名著の197頁以下に収められております――の中で、小野先生は、「安死術」より「安楽死」のほうが用語としては適切だろう、ということを提唱されました。まさに小野先生は、この「安楽死」という言葉を日本に定着させるきっかけを作られた大先生であります。

では、安楽死とは一体何か、その定義は何か、というと、実は、日本では安楽死に関する法律がないので明確な定義はないわけです。したがいまして、講学上、安楽死の定義が様々に行われるわけですけれども、私の定義によれば、「安楽死とは、死期が切迫した病者の激しい肉体的苦痛を病者の真摯な要求に基づいて緩和除去し、病者にやすらかな死を迎えさせる行為」、ということになります（甲斐克則『安楽死と刑法』（成文堂、2003年）1頁）。これは、ある意味ではやや厳しい定義です。なぜかと言うと、この中には3つの定義が入っているからです。

第1は、「死期の切迫性」です。これも、実は医学的には定義が難しく、どの時点から死期が迫っているかと言うことは予測しがたい場合があります。典型例は、余命が1週間から10日と言われています。小野先生も、先の論文の中で、「死がすでに数時間後に迫ってゐるといふような、いはゆる危篤状態に陥った場合」という具合

◆ 3 ◆ 尊厳死問題の法理と倫理

にかなり限定して用いておられます。その典型的なケースは、まさに死期が目の前に迫ってきているという末期のがんの場面です。ところが、「あと1週間です」、と言われても、1週間で死ぬとはかぎりません。もう少し延びたり、場合によっては1ヶ月後になったり、さらに延びて2ヶ月後、あるは3ヶ月後になることもあり、患者の中には遂にがんを克服したという人もいます。私は様々な専門家と共同研究をしますが、ここ4年ほどは精神神経科の専門家、あるいは、緩和ケア病棟の医師・看護師・ソーシャル・ワーカー、ホスピスの医師・看護師と共同研究をやってきました。その中で様々な症例検討などもやりましたが、本当にがんの末期で、「あとわずかである」、と宣告された患者が、「かくなるうえは自分の最期を有名な山に登ったあとに迎えたい」、と言って登ったところ、なんと山から帰ってしばらくしてみたら、腫瘍が縮小し、やがて最後は腫瘍がなくなってしまった、つまり、がん細胞が消えてしまった人もいた、という話を聞きました。それくらい、実は、例えば、がんで「1週間しか余命がない」と診断されたにもかかわらず、必ずしも1週間後に死ぬとはかぎらないわけです。要するに、「死期の切迫性」は一応の基準ですが、なかなかそのとおりに事が進まない、ということを付言しておきます。

　第2は、「激しい肉体的苦痛の存在」という要件が挙げられます。人間の苦痛には、ご承知のとおり、もうひとつ、精神的苦痛があります。肉体的苦痛があれば、当然に精神的苦痛も共にある、つまり両者は併存するのが通常です。しかし、逆に、精神的苦痛だけで安楽死を認めてよいか、という難しい問題があります。実は、積極的安楽死を法律で認めている国は少なく、現時点［2007年段階］では、オランダとベルギーだけです［その後、2009年にルクセンブルクがこれを法律で認めました］。しかも、オランダは精神的苦痛だけで積極

74

的安楽死を認めておりますが、この背景には、実は、オランダ固有の歴史があります。そのきっかけになったシャボット事件という有名な事件が1990年代に起きました。本件は、オランダの最高裁判所まで争われた事件です（1994年）。これは悲惨な事件でして、ある女性がドメスティックバイオレンスで夫から暴力を受け、離婚し傷ついていたのですが、さらに自慢の息子2人が交通事故死と病死で相次いで死んでしまったわけです。彼女は、悲嘆に暮れて自殺しようとしますがうまくいかず、さらには「安楽死をさせてほしい」とシャボット医師に依頼し、そのシャボット医師がその患者を安楽死させた、という事件です。ところが、オランダの最高裁判所は、形のうえでは有罪（刑の宣告なし）としました。これは、ほぼ無罪に近い、象徴的な有罪といったほうがよいかもしれません。

　そういう事件があって以来、オランダでは、いろいろな議論を経まして、2001年に安楽死等審査法が成立し［施行は2002年］、その中で精神的苦痛だけの場合でも安楽死を許容したわけです。

　しかし、多くの国は、日本も含めて、精神的苦痛だけでの安楽死を認めないスタンスをとっています。なぜかというと、精神的苦痛というのは、目の前の苦しい状況が克服できれば、例えば、良いアドバイザーなり相談相手が近くにいると克服できる余地を残しています。肉体的苦痛も、そういう場面がないわけではないですけれども、医学的に不治であるという状況は確実にあるわけです。そういうことから、肉体的苦痛に限定したほうがよいだろう、ということです。そうでないと、例えば、学生が「定期試験の前に精神的苦痛で自分は参ってしまった。もう楽になりたいので安楽死をさせて欲しい」、ということで安楽死を認めていたら、人間は、人生を何度やり直してもいつも安楽死に直面するという皮肉なことになりかねません。そう考えますと、激しい肉体的苦痛の存在ということに限

定したほうがよいでしょう。小野先生も、そのように限定しておられます。

第3は、「病者の真摯な要求」です。私は、かなり厳しくこの要求を要件にしております。これが本日の話のひとつの柱です。本人が、どういう死に方、つまり生き方の最期の段階での死の迎え方ができるか、という問題です。これは、本人が決めるほかないのです。さもなければ、本人が何も希望していないのに、第三者が「自分が死なせてあげよう」、というふうに無理やり命を奪うことになってしまうからです。したがいまして、実は状況を分けて考えたほうがよい、と私は思っております。つまり、単なる同情で死なせる行為は「慈悲殺人」（英語で言うと「mercy killing」）という別の範疇で、ある種の殺人形態なのです。

ヨーロッパ、アメリカ、その他多くの国で両者を区別しておりますが、これについては争いがありまして、さきほど挙げました小野清一郎先生は、「安楽死の問題」という論文の中ではこの点について否定的で、本人の意思にあまりこだわらなくてもよい、とおっしゃっています。これは、小野先生独自の考えであり、本人の希望をそれほど重視しなくてよい、ということを繰り返しこの論文の中で言っておられます。どうしてかというと、生命というのは本人の意思を超越したものである、というのが小野先生の基本的な考えです。この論文の言葉によりますと「安楽死を正当化するものは本人の『意思』ではない。生命の尊重はもと本人の『意思』を超えたものである。」（小野・前掲書217頁）という表現をされています。詳細はあとから触れますが、私は、この点については異論があります。なぜかというと、これについては、歴史的に苦い経験があるからです。

苦い経験というのは、ナチス・ドイツの苦い経験です。ヒトラー

は、政権を取った1993年以降、様々な悪業をやりましたが、要する
に政策としては「ゲルマン民族の発展」というところにヒトラーの
狙いはあったのです。そのためにはできるだけ無駄なことはやめて
しまおうということで、「一番無駄なこと」とヒトラーの目にまず
映ったのは、治る見込みのない人々の生命でした。その生命をいつ
までも永らえさせておく必要はない、というわけです。医療費が掛
かりますので、こういう人々は早く安楽死させてよい、ということ
になったわけです。この動きは、精神障害者にも及び、さらにはエ
スカレートして、ご承知のようにユダヤ人の大虐殺（ジェノサイド）
というところまで行ったわけです。アンネ・フランクもその悲劇の
１人です。アムステルダムに行かれましたら、是非とも「アンネ・
フランクの家」を訪ねて行かれると、彼女が段々と追い詰められて
いく状況を日記から読み取ることができます。本当に悲劇ですね。
　表現を変えますと「生存の価値なき生命の毀滅」ということが実
践され、これで何十万人、何百万人の人々の生命が医師の手により
絶たれたということです。そのときに使われたのが「安楽死」です。
響きは良いです。ドイツ語では「Euthanasie」（オイタナジー）と言
います。「楽にしてあげましょう」という名目で、本人が望まない
のに生命を絶ってしまったという苦い経験があるので、多くの国で
第２次世界大戦後、安楽死については、自発的な安楽死あるいは任
意的な安楽死（voluntary euthanasia）と非任意的な安楽死（involuntary
euthanasia）を区別し、通常議論するときには本人の自発的な同意
に基づく安楽死（voluntary euthanasia）を前提として議論する傾向
が強まりました。しかし、現在でも、両者をまとめて「安楽死」と
して議論する国もあります。
　ところが、小野先生の考え方ですと、どうもそうではないのであ
りまして、「慈悲」ないし「慈悲心」というのが大事だ、と言われ

77

ています。たしかに、倫理観、道徳観、宗教観からすれば、「慈悲」
は重要です。仏教でも、「慈悲」というのはキーワードとなってお
ります。ただ、人を死なせるときに、本人の意思を無視して「慈
悲」だけで死なせて本当によいのか、疑問です。私は、本人の要求
は外せない要件だ、と思っています。

(2) 純粋な安楽死と間接的安楽死

つぎに、安楽死といっても形態がいくつかあります。安楽死が認
められるか否か、是か非か、というような議論の立て方をしますと、
実は混乱を招きます。そこで、さきほどの定義を踏まえたうえで、
現在おおむね分類されているものとして、4つないし5つの形態が
あります。

第1は、「純粋な安楽死」です。これは、肉体の苦痛を適宜取っ
ていっても死期が早まらない形態です。これは、通常行われている
緩和ケアの一環です。「痛みを取る」というのは、現在の医療の重
要な課題ですが、生命を短縮する危険性がなければ問題ないわけで
す。よほど苦痛が好きで、自分から「苦痛を取ってもらっては困る、
なぜ勝手に苦痛を取るのか」、と逆のことを言う人もいるかもしれ
ませんが、このような方はまれです。この形態は、治療行為そのも
ので、緩和ケアです。これが適法であるということは、一般に認め
られています。

第2に、「間接的安楽死」です。これは、積極的な行為に違いは
ないのですが、モルヒネやオピオイドなどの鎮痛薬を使います。モ
ルヒネは麻薬です。麻薬ですから副作用が強いです。しかし、激痛
を取るには有効です。ところが、量を誤ることがあります。適量と
いうのは判断が非常に難しく、ある苦痛を取った場合、1回目は治
まったけれども、2回目の苦痛が出たときはもう少し量が増える、
ということがあります。加速度的に量が増える、とも言われていま

す。最後に一定の量を注射すると、その付随的効果として副作用で死亡する、という段階（最後の一服）がありうるわけです。これを一体どのようにして刑法上評価すべきか、これが法的に一番問題なわけです。

　結論から言いますと、これは緩和ケアの一環として正当化される、と考えられます。つまり、インフォームド・コンセントが確保され、本人も了解したうえで「やはり苦痛を取ってくれ」、と言った場合、その苦痛除去を基本的に最初から分かりきってその治療をしているわけですから、行き着くところ（死）も十分に本人が理解している、ということで一応正当化できる、というわけです。ただ、「インフォームド・コンセントの確保」というようにきれいごとで言いますけれども、日本では、ご承知のとおり、「がんの告知」を実践している病院は、最近でこそ増えてきましたが、まだまだ８割とか９割という段階ではありません。告知については６割程度と言われています。これは、日本特有の状況と言えるかもしれません。家族にはがんを告知するけれども、本人には告知しない、というパターンが実際上多いようです。理念としては、告知した方がよいということについて、頭ではわかっているけれども、「自分については告知してほしいが家族にはやめてほしい」と思っている人が多いわけです。この矛盾した態度は日本人の特徴である、と言われています。この点がはっきりしないと、本当は正当化の問題も、きれいごとでは済まないわけです。

　ちなみに、間接的安楽死、すなわち、「最後の一服」を与えて患者が死亡した場合、刑法上どのような根拠で正当化できるでしょうか。インフォームド・コンセントの理論のほかに、理論的には、もちろん、緊急避難という問題も考えなければなりません。刑法37条１項です。ただ、刑法37条１項の緊急避難が直接使えるかというと、

79

争いがあり、その本人に対して、生命を維持する利益と苦痛を取ってくれという利益、つまり相矛盾する利益が同一人格に同時に生じるので、これも簡単に緊急避難で割り切れないところがあります。刑法を勉強している人は、緊急避難の要件が頭に入っていると思います。事態の緊急性を前提として、法益のバランスが厳格に必要でして（「法益権衡の原則」）、保全法益よりも被侵害法益の侵害の程度が過ぎると、過剰避難になるわけです。また、「他に手段がない」という意味での「補充性の原則」という要件が別途ありますので、日本の緊急避難は要件が厳しいのです。それをどのように克服するか、難しいところでもあります。しかし、少なくとも緊急避難の規定の準用はできるだろう、と思います。緊急避難の規定の準用とインフォームド・コンセントの法理をミックスして考えるほかないのではないか、と個人的には思います（詳細については、甲斐・前掲『安楽死と刑法』38頁参照）。

(3) 消極的安楽死

第3に、「消極的安楽死」です。これについても、結論的には適法である、という評価が一般に定着しております。これは、あとでお話ししますが、尊厳死とかなり密接な関係がある範疇です。典型例は、続けていた点滴を中止する、という場合です。点滴を続ければまだまだ延命できるけれども、本人が「もうやめて欲しい」、「そっとしておいて下さい」と訴えるような場合に、かりにその結果、多少死期が早まっても、これも結論的には延命拒否の意思を尊重することによって法的に正当化可能である、と考えております。本人が「嫌だ」と言っているのに、何としても捕まえてでも点滴を打ち続けるというのは、今度は逆に、強要罪（無理やり本人が嫌がる事を強制的に行う罪（刑法223条1項））、場合によっては暴行罪（刑法208条）に該当する恐れもありますから、無理強いをする形での

延命はできない、と思っております。

(4) 積極的安楽死

　第4に、最も問題があるのが、「積極的安楽死」です。これについて、皆さん方、どのようにお考えでしょうか。法律家の間でも最も争いがあるところですし、倫理的にも争いがあるところです。これは、要するに「殺害による苦痛除去である」、と私は象徴的な言葉で言うことがあります。「間接的安楽死」は、あくまでもモルヒネなどを投与しながら適宜苦痛を取って行き、やむをえずに以前と同じ苦痛緩和行為を行った挙句に副作用で死亡する、という類型です。ところが、「積極的安楽死」は、苦痛緩和ではなく、直接的に生命を奪うことによって苦痛を取る、というところに結び付きます。ですから、これは、正確には、「積極的直接的安楽死」なのです。

　この形態については、さきほど言いましたように、様々な考えがありまして、刑法上も適法説と違法説とに大きく分かれます。例えば、適法説のうち、小野清一郎先生は、「惻隠の心」あるいは「惻隠の行為」という言葉を使われましたが（小野・前掲書211頁）、これは仏教用語であります。小野先生の立場は、本人の希望にウェートがあるのではなく、周りの者が見ていて、人間の情として、慈悲として「楽にしてやりたい」と思う心にウェートがあるのです。ここに正当化の本質がある、と強調されるわけです。人道主義を強調する考えは、植松正先生等にも見られましたが、小野先生は、独自の仏教の本質論から刑法上の正当化をとうとうと説かれております。ここの部分は大変魅力的で、小野先生ならではの論理的な組立てをされているように思います。

　ちなみに、先般（2007年11月10日、11日）、日本生命倫理学会が大正大学で開催されました。大正大学も仏教の大学でありまして、宗教関係者が随分参加され、終末期医療の議論も行われ、道元の話な

◆ 3 ◆ 尊厳死問題の法理と倫理

ども出てきておりました。大変興味深く拝聴しました。ただ、法律論と宗教倫理は、まさに「積極的安楽死」の場面でぶつかり合うところがある、と思います。小野先生は、すでに述べましたように、「惻隠の心」あるいは「慈悲」というものを強調され、本人の願望である「生きる」とか「死ぬ」という問題は本人の意思を超越した問題であり、そういう観点から積極的安楽死を評価すべきである、として法律論を組み立てられたわけであります。小野先生の言葉を直接引用します。

「安楽死を正当化するものは本人の『意思』ではない。生命の尊重はもと本人の『意思』を超えたものである。(自殺を罰しないのは、生命の自己処分であるからではない。自殺は全く合法的な行為とはいへない。刑法202条によって自殺の教唆および幇助は罰せられる。自殺そのものも法秩序に反するものとして違法な行為である。ただ可罰的なものとしないだけである。放任された違法な行為である。)「安楽死を正当化するものは、人間的同情であり、人道主義的な動機である」(小野・前掲書217頁)。

周りの者が気の毒だと思って直接殺すというのではなく、楽にしてあげようとして死なせる。それを正当化してよいではないか。この論理は、たしかに、私どもに訴えるところがあります。しかし、これを法律論に照らして考えると、基準が随分曖昧になるわけです。たしかに、同情心なり慈悲心の重要性は理解できるのですが、それが適法かどうか、という法律論にもってくるときには気をつけなければならない、と私は思っております。なぜかと言うと、周りの人がどういう意味で同情心を持ったかというのは、結局は非常に不安定であります。非常に情が深い人、自称「慈悲心の厚い人」、こういう人が周りにいたとしますと、「私はとにかく病気で横になって苦しんでいる人を見るとつい楽にさせてあげたくなるのです」、「私

82

が安楽死させてあげましょう」、というようなことで病者の生命を絶ってしまう場合、これを正当化する道を開くことになりはしないでしょうか。したがいまして、私は、もしこれを取り入れるのであれば、責任阻却の場面、つまり、良心の葛藤・心理的な意味での葛藤による期待可能性の不存在、ないしは義務の衝突というところで考えるべきではないか、と考えています。私は、結論的に、積極的安楽死は違法だ、と考えております。

　ただ、これ以外の適法説があります。とりわけ自己決定権を強調する立場も有力です。以前一橋大学におられました福田雅章教授の見解などが典型ですけれども、やはり自分の事を自分で決めるのだから、間接的安楽死が適法であれば当然に最後の選択肢として積極的安楽死の場合も自己決定権を尊重してよい、と主張されます。しかし、それについても私は疑問があります。この点については、小野先生と共通点が出てきます。生命は個人法益とはいえ個人だけのものではないし、そうかといって国家法益ないし社会的法益と考えることもできません。「生命が個人のものとはどういう意味か」、ということを今まさに考え直さなければいけない時期ではないか、と感じます。これは、大変難しい問題ですが、生命の存在態様と申しましょうか、最近よく使われる言葉では、「共生」とか「関係性」の議論というものと連動するように思われます。

　人間というのは、一個人として孤立的に存在しているのではなく、やはり他者との共存という存在態様で存在する、という宿命は逃れられないものと思います。そうすると、本人が「殺してくれ」と言ったので生命を直接奪うというのは、たとえそれが末期の病者の依頼であってもやはり正当化できないのではないか、と考える次第です。そういうことから、自己決定権だけを強調しても解決がつかないだろう、と思います。自己決定権が大事であることは間違いあ

りません。私が強調したいのは、「自己決定権は重要ではあるが万能ではない」、ということなのです。

(5) 医師による自殺幇助

最後に、もうひとつ、第5の形態として、「医師による自殺幇助(physician assisted suicide)」があります。これも新しい問題で、アメリカのミシガン州で起きた事件をきっかけに随分と議論が広がった問題です。つまり、積極的安楽死が許されないならば、患者の希望を尊重して、自殺装置を開発し、患者に利用させようとしたジャック・キヴォーキアン医師事件です。彼は、自分でスイッチを押せば一酸化炭素が体内を回って死んでしまうという器械を開発しました。これは予想外に希望者が多く、ヒットしたわけです。かなりの人がこれを使って自殺したのです。ところが、アメリカの多くの州では自殺幇助も犯罪とする規定があります。日本にもあります(刑法202条)。キヴォーキアン医師は、この罪で起訴されましたが、陪審裁判で無罪になりました(1996年)。その無罪判決により、「医師による自殺幇助」は許されているという理解も広まり、立法化の議論も進んでいきました。ただ、陪審裁判というのは、ご承知のとおり、guilty か not guilty かだけを決めるため、どういう理由で無罪か、その理由を示しません。そこで、「無罪だったから正当である」、と理解された向きもあります。

アメリカでは、すでに1994年にオレゴン州で「医師による自殺幇助」を認める法律が成立していました。これは、賛成51％に対して反対49％という、際どい僅差でかろうじて成立しました。これは、一定の条件・手続の下で医師が自殺を幇助した場合にこれを許容する、という法律です。ただ、法律の名前は「尊厳死法」(Death with Dignity Act) です。あとで言いますが、尊厳死の定義も随分幅広いです。あるいは医師による自殺幇助も安楽死だと呼んでいる人もい

るくらい、実は様々な形態が現在出てきています。

　ちなみに、ドイツやフランスでは自殺関与罪という規定がないのです。お隣の中国にもありません。日本はあります（刑法202条）。国によって違います。ドイツでは自殺幇助を別の犯罪で処罰する場合があります。一定の場合に救助をしない不作為を「不救助罪」ないし「救助不履行罪」という名前の犯罪で処罰しています。

　スイスでは自殺関与罪の規定が一応あるのですが、利己目的の場合にしか処罰しないと規定しているため、実際には適用されません。自殺をするならスイスのほうが楽だ、ということで、ドイツ人の間では「自殺したい人はスイスに行きましょう」という「自殺ツアー」ないし「自殺ツーリズム」が影のブームになっている、と言われているくらいです。これは、今年（2007年）1月に来日されたベルン大学のクンツ（Karl-Ludwig Kunz）教授が慶應義塾大学で講演をされた際にお聞きしたものですが、そこで私も教授に質問したところ、刑法の規定とは別に実態はそうなっているのだ、という回答で、自殺を斡旋する DIGNITAS という団体もあるようです。いずれにしても、医師による自殺幇助は日本では認められないでしょうし、違法だろう、と思います。

● 3　尊厳死の意義と形態

(1) 尊厳死の意義

　それでは、本題の「尊厳死」の問題に移りましょう。実は今まで話した議論とかなり関係する部分があります。両者の相違に着眼すると、尊厳死のほうが人工的に延命する措置を差し控えるか、もしくは中止するという点に特徴があり、器械を使うことが多いのに対して、安楽死（特に積極的安楽死や間接的安楽死）の場合は生命を絶つ点に特徴があります。尊厳死は、「自分の体に対して集中治療室

85

◆ 3 ◆ 尊厳死問題の法理と倫理

などで人工呼吸器や人工栄養補給チューブなどを着けないで自然に
最期を迎えさせて下さい」、という訴えです。私なりに定義をする
と、「尊厳死（death with dignity）」とは、「新たな延命技術の開発に
より患者が医療の客体にされること（『死の管理化』）に抵抗すべく、
人工延命治療を拒否し、医師が患者を死にゆくにまかせることを許
容すること」です（甲斐克則『尊厳死と刑法』（成文堂、2004年）1
頁）。新たな延命技術の開発により、患者が医療の客体にされてし
まっていて、好むと好まざるとにかかわらず集中治療室に入ります
と様々な器械を装着られ、「スパゲッティー症候群」などと皮肉ら
れております。しかし、こうした死の管理化に抵抗するというのが、
そもそもの出発点でした。「自然死（natural death）」とも言われる
所以です。

　典型例は、本人が人工延命治療を拒否し、その結果、医師が人工
呼吸器を取り外して死にゆくにまかせる場合です。「殺す（kill-
ing）」という表現を使わずに、「死にゆくにまかせる」（allowing to
die」もしくは「letting to die」）という表現を使います。ドイツ語で
も「Sterbenlassen」という言葉をあえて使うくらいです。この問
題は、限界が非常に難しく、争いがあります。この定義も、私が試
論的に用いただけであって、本人が希望しなくても延命治療を止め
てよいではないか、という議論が片方であります。

(2) 契機としてのアメリカのカレン・クインラン事件

　この問題のきっかけになったのが、1975年にアメリカのニュー
ジャージー州で起きたカレン・クインラン事件です。本日この講演
を聞いている方は学生さんを中心に若い方が多いので、「自分は若
いから尊厳死の問題は関係ないだろう」、と思っている方が多いか
もしれませんが、様々な国の事件を分析してみると、若い人に関わ
る事件が意外と多いのです。なぜかと言うと、安楽死は末期の患者

86

が対象ですから、ある程度年を取った人の事件が多いのですが、尊厳死の場合は、交通事故で脳挫傷を被ったとか、薬物中毒に罹患したなど、若いがゆえに直面した事件もかなりあります。ですから、今の若いうちからこの問題を真剣に考えていただきたい、と思います。

　このカレン・クインラン事件でも、カレンさんは21歳の女子学生でした。皆さん方とほぼ同世代です。彼女は、友人の家のパーティーでお酒を飲んでいましたが、アメリカでは薬物の軽いものは一部規制されていませんから、これを一緒に使用していたとも言われています。いずれにせよ、急に呼吸ができなくなってしまい、救急車を呼びました。ところが、集中治療室に行ったときには、酸欠状態で意識が回復しない状態でした。とりあえず人工呼吸器（respirator）が着けられました。

　皆さん方は、今じっとして私の講演を聞いておられ、座って酸素を吸収しておられます。人間が通常の呼吸で吸収する酸素の５分の１程度は脳が使う、と言われています。脳というのは、非常に多く酸素を使います。逆に言いますと、５分間以上も脳に酸素が行かないと、酸欠状態で少なくとも脳のうちの動物機能を司る部分が先に損傷を受けます。動物機能というのは、物事を考えたり、行動を起こしたりすることを司る大脳の機能です。これは、酸素がないと短時間で立ちどころにやられます。ところが、脳にはもうひとつの機能として、植物機能というのがあります。皆さん方、夜寝ていても生きていますね。血液も循環しています。ホルモンも循環しています。こういう機能を植物機能と言います。この機能は持続力が強い、と言われています。動物機能が麻痺した状態を「植物状態」と言います。意識が戻らない状況の人が典型です。その一番重度の植物状態を永続的植物状態あるいは遷延性植物状態（PVS＝persistent vegeta-

◆ 3 ◆ 尊厳死問題の法理と倫理

tive state）と言ったりします。この状態になると、回復は非常に困難である、と言われています。ところが、中には回復例もあります。しかし、植物状態の中には、もう少し軽い例もあり、言葉としては反応しないけれども目で反応する人など、様々なレベルがありますので、誤解がないようにしていただきたい、と思います。脳神経外科的にはレベル 1 からレベル 5 まで分かれています。

　カレンさんは、今言った中で一番重度の植物状態である「遷延性植物状態」でした。最初は意識が回復すると期待して着けていた人工呼吸器ですが、いつまでたっても回復しないわけです。そこで、父親が娘の人工呼吸器を外すべく、その訴訟のための後見人に自分を指定してくれ、と裁判所に訴えたのが1975年のことでした。ところが、第 1 審のニュージャージー州上位裁判所は、「これを外したら患者が死んでしまうので病院が犯罪に加担することはできない」、と拒否しました。ところが、1976年のニュージャージー州最高裁判所は、逆に父親の訴えを認めました。

　そのときのニュージャージー州最高裁判所の判決の論理を簡単に述べます。第 1 は、宗教的なポイントです。これも、宗教と随分関係ある議論でした。最初に裁判所が述べたのは、人工呼吸器の取外しをめぐるカトリック教会の考えでして、カレンさんのような状況での人工呼吸器の取外しはカトリック教義に反しない、ということを確認しています。法廷にも宗教関係者がたくさん出てきて証言をしました。当時、一定の条件下での人工延命治療の打切りは、ある意味ではカトリック教会では認められていました。すでに1957年にローマ教皇ピオ12世が、人工的な延命治療の打切りは神の意志に反するものではない、という回勅を出していました。それを受けて各教会でも議論していたようです。それが影響しています。それが第 1 点です。

88

ここから先は、法律論です。ニュージャージー州最高裁判所は、第2に、人間の生命について初めてプライバシー権としての延命拒否権を正面から認めました。本人が「いやだ」と言うことを尊重するのはプライバシー権のひとつですが、本人は意識がないですから、どうやってプライバシー権を使うか、という問題があります。そこで考え出されたのが、そういう場合には、しかるべき人が代わりにプライバシー権を行使できるということ、つまり「プライバシー権の代行」を認めたわけです。父親が娘に代わり、これを行使してよい、という判断を示したのであります。

　第3に、生命の重さとプライバシー権の比較です。通常は当然ながら生命のほうが圧倒的に重いわけですから、人工呼吸器を外して生命を絶ってはいけませんが、しかし意識も回復しない、ほとんど医学的にも回復困難な予後の悪い状況下では、むしろ延命拒否権としてのプライバシー権のほうが重くなる、そういう例外的状況が存在する、ということを認めました。

　それを踏まえて、第4に、そこから先、医師が人工呼吸器を外して患者が死亡しても、民事責任も刑事責任も負わない、と述べたあと、第5に、倫理の問題として、勝手に、いつ、だれが無条件に外してよいというものではなく、病院の倫理委員会で手続をきちんと踏まえて取外しをしなさい、と述べました。最初と最後に倫理の問題があり、中間に法律論があるということで、実はこの問題は、法と倫理の組み合わさった問題だ、ということを同裁判所は認めたわけです。

　これが世界で初めて延命拒否権を認めた裁判例です。カレンさんが実際はどう思っていたかについてははっきりしなかった、という不明確な部分も残したケースでした。

　以後、アメリカでは、この種の問題に関する何十例という裁判例

が出ました。私が『尊厳死と刑法』（前出）という著書の中で分析したのは裁判例50件少々だったのですが、その後もまだたくさんの判例が出ております。

(3) 尊厳死の形態

　尊厳死の問題は何が難しいかと言うと、様々な患者がいる点です。遷延性植物状態の患者さんのほか、がんや白血病の患者さん、腎不全の患者さんもいます。また、ALS、つまり筋萎縮性側索硬化症と言って、筋肉が日に日に衰えていって呼吸ができなくなるという難病の患者さんもいます。さらに、交通事故による救急患者さん、その他認知症の患者さん等もいるわけです。いろいろな人が直面しうる非常に難しい病状が多いわけです。

　加えて、意識が明確にある患者さんもいます。例えば、がんの患者さんは割合と意識が残ります。また、意識はあるが意思決定能力がない患者さんもいます。その典型例が、認知症の患者さんの中に見られます。さらに、カレン・クインランさんのように意識がまったくなくて寝たきりの人もいます。

　したがいまして、どのような根拠で、そしてどのような判断で人工呼吸器の打切りを認めるか、というのが一番難しい問題となるわけです。しかも、予測がつき難いのです。意識が戻る場合もあるし、戻らない場合もあるからです。ちなみに、カレンさんは人工呼吸器を外されたのですが、その後、皆が「すぐ死ぬだろう」と思っていた予想に反して、10年間近く人工呼吸器なしで生きたのです。これも驚きでした。それくらい人間の脳というのはまだまだ解明されていない部分がたくさんあります。しかも、治療拒否の対象も、人工呼吸器のほかに特殊化学療法や人工栄養補給チューブ、人工透析など、いろいろとあるわけです。

　さらに難しいのは、延命治療を中止するとはいえ、人工呼吸器は

ともかく、栄養分や水分までいきなり中止してよいのか、という難しい問題もあります。これも今、世界中で是非が争われております。

まず、水分から言います。私は水分まで一気に中止してよいとするのは行き過ぎだろう、と思います。植物でさえ、通常は水分をやり続けますし、人間の場合でもやはり水分は重要だ、と思っております。もちろん、例外的ながら、水分の提供によって水ぶくれする水浮腫という場合もありますから一概には言えませんけれども、原則として水分はケアの一環として提供し続けるべきだ、と思います。

栄養分も可能であれば補給を続けるべきだ、と思いますが、今の栄養分というのは非常に進んでおり、入院して固形物は食べられないけれども、人工栄養補給によってむしろ体重が増えるという人もいるくらい日に日に良いものが開発されています。したがいまして、これは「状況によりにけりだ」と思っております。ですから、本人が最初から「すべてを止めてくれ」と言っていれば打ち切ってよいと思いますが、そうでない場合は、段階的な解除が望ましいだろうと思います。

● 4　尊厳死をめぐる最近の国内外の動向

(1) アンケート調査に見る実態

最近の様々な機会にテレビ・ニュースや新聞報道等で目にする問題であり、かつ、日本で一番揺れ動いている問題のひとつが尊厳死です。これを少し整理してみました。

厚生労働省が2004年にアンケートをしたことがあります。そのアンケートによりますと、「人工延命治療を止めてほしい」と思っている人は、医療関係者のみならず、一般の国民も含め、——これはアンケート結果でありますから、一応の数値でありますけれども——8割以上の人がそのように考えている、と言われています。こ

れは 3 年前の調査ですから、今でしたらもう少し増えているかもし
れません。大きな病院がアンケート対象でしたが、この点について
は小さな病院も中小の病院も大体傾向は同じです。私も東京医科歯
科大学の松島英介先生と一緒に調査、分析をしたことがありますけ
れども、日本の病院の 7 割は、やはり中小の病院ですから、大きな
専門病棟と違ってケアについて問題が残ります。人手が足りない
等々の問題があります。十分なケアがないと、「早く死にたい」と
いう願望を持つこともあるので、その点は注意する必要がある、と
思います。その他、読売新聞、共同通信等々、マスコミ各社が最近
いろいろアンケートを取りましたし、厚生労働省の研究班もアン
ケートを取ったりしております。

(2) ルール化をめぐる現状

それと同時に、ご承知のように、終末期医療のルールを作ろうと
いう動きが現在［2007年段階］盛んであります。このルール作りの
中にも、ひとつは立法化ないし法制化の動きがあります。これは、
日本尊厳死協会がかねてから、いわゆるリビング・ウイルを法制化
しようとずっと取り組んで来ています。この東海地方でも随分盛ん
でして、日本尊厳死協会会長の井形昭弘先生（愛知県の名古屋学芸
大学学長）をはじめ東海支部が中心となって『私が決める尊厳死
──「不治かつ末期」の具体的提案』（中日新聞社、2007年）という
本を出しておられ、この中で立法化の提言をしています。

そういう動きを受けまして、国会議員の間でも超党派で法律を作
ろうと協議機関ができております。中山太郎議員などが中心です。
今年（2007年）の 6 月に、法案のための基本要項などを発表してお
ります。その後、広島市で一緒にシンポジウムに参加を求められて
出て行きましたところ、ややトーンダウンしていました。つまり、
立法化は難しいのではないか、と弱音を吐いておられました。それ

ほど立法化というのは難しいです。技術的にも難しいです。単に技術だけではなく、公的に法律で認めるとなると、それを根拠にどんどん適用範囲が広がっていくという恐れ、いわゆる「滑りやすい坂道」への懸念ないし警戒の声がありますから、立法化は困難でしょう。そうかといって、ルールがないと困るのもまた事実です。

　ここで皆さんに考えていただきたいのは、法と倫理の関係です。現実のギャップを埋めるというのが倫理です。倫理と言いますと、すぐに「心情倫理」と理解されている部分が特に刑法学者の間ではずっとあったわけです。たしかに、内面の倫理、これはもちろん、直接ルールとして問題解決に持って行きにくいところがあります。けれども、生命倫理というのは、ルールとしては法規範と表面的にはあまり変わらないものが結構あります。世界のルールを調べてみても、ガイドラインが多く作られています。詳しく知りたい方は、丸善から刊行されています翻訳書『生命倫理百科事典』第5巻をご覧下さい。その第5巻には、——今年（2007年）1月に私が責任者となってチームを組んで翻訳しましたけれども——世界中の生命倫理のルールの主立ったものがだいたい訳出されています。病院だけではなく、宗教関係団体等、様々なところでこのルール化、別の言葉で言いますと、「エシックスのコード化」が行われています。日本でもガイドラインを作ろうという動きがあり、私も、法律よりガイドラインの方が良い、とかねてから提言しておりました。そこで、厚生労働省は、今年（2007年）の5月、「終末期医療の決定プロセスに関するガイドライン」を公表しました。これは、あとからまた出てきます。

(3) 国内外の事件の動向

　ところで、最近、具体的な事件がいくつか相次ぎました。川崎協同病院事件は、あとで取り上げます。これは、東海大学病院以来約

◆3◆ 尊厳死問題の法理と倫理

10年ぶりに医師の行為が刑事裁判となった事件です。

それ以外に、アメリカでも、シャイボ事件と言われる事件が起きています。テリ・シャイボという女性が15年間植物状態で人工栄養補給チューブに頼っていました。その取外し対象となったのは人工栄養補給チューブですが、夫の方は、「実は妻は人工呼吸器、人工延命治療、あるいは人工栄養補給チューブ、こういうものは着けてほしくないと言っていたので、治療の打切りを認めてほしい」と主張しました。ところが、母親の方は、「娘はもっと生きたいと言っていた」、と主張しました。家族間で意見が分かれたのです。本人の真意を知っているはずの家族間で意見が分かれる場合にどのように判断すべきかを考えさせるという意味で、本件は重要でした。

もうひとつ、本件では、政治問題、つまりフロリダ州の知事（ブッシュ大統領の弟）の介入という問題が絡みました。ブッシュ知事は共和党ですが、共和党は、政治のポリシーとしてできるだけ生命を奪わない方向を強調します。これは、人工妊娠中絶の問題でも同様です。共和党は一般に、いわゆるプロライフ（pro-life）派といわれています。加えて兄のブッシュ大統領自身もそのフロリダ州に関心を示して、政治的にいろいろと口を差し挟むようになった、ということでも注目されました。

日本でも、北海道の羽幌町の羽幌病院事件、広島県の福山市内の病院の事件など、医師が単独で判断をして患者から人工呼吸器を取り外したという事件が相次ぎました。もちろん、脳死状態に近かったということもあったようですが、その点は不正確で、患者の家族に対する説明も「脳死状態に近い」とか、かなり曖昧な表現だったことも問題とされました。北海道の事件は、結果的に昨年（2006年）の5月に、死亡との因果関係が十分立証できないという理由で不起訴処分になりました。それから何よりも注目を浴びたのが、富

94

山県射水市民病院の人工呼吸器取外し事件です。これは、医師が単独で判断して7名の患者から人工呼吸器を取り外して死亡させたという事件で、連日新聞やテレビ等で報道されました。本件は、まだ捜査中です［2009年に不起訴処分］。

これらの事件の共通点は、当該医師がいずれも地元では評判の良い医師であったという点です。ところが、さらなる共通点として、いずれも単独で判断している点も挙げられます。「自分の考えからすると、これは打ち切ってよい状態だ」というレベルで決定して取り外しています。その点が問題です。チームで判断したのではないのです。1人で判断すると、どうしてもその医師の死生観、個人の死生観がそこに入ってきます。自分の倫理観だけで判断をしてしまうという恐れがあるわけです。したがいまして、どういう基準で、誰が判断するか、その点が非常に大きな問題として残ったわけです。医療現場では、とにかく勝手にやると警察が入り、場合によっては有罪になる恐れがあるが、それでは困るので、何とかルールを作ってくれ、ということで、さきほどのガイドラインなどの要請が強まったわけであります。

なお、回復例として、テレビ報道では、アメリカ合衆国で20年ぶりに意識を回復した男性の例もありますが、時間の関係で詳細は割愛させていただきます。

● 5 川崎協同病院事件判決

(1) 事実の概要

川崎協同病院事件第1審判決については、最新の重要判例として読んだ人がいるかもしれません。末期の男性患者（58歳）に着けていた気管チューブをベテランの主治医が単独で取り外したのです。この患者は、気管にチューブを通していましたので、実は衛生面を

維持するのは大変なのです。細菌が入ったり、併発症を伴ったりします。いつまでもこのようなことをやっていたのではかえって良くない、この段階であれば気管チューブを取り外したほうが良い、という判断で、家族を病院に呼び、ベッドの周りに集め、「今から気管チューブを取り外します」、と言いました。そのときに説明したのが「9割9分9厘脳死状態です」、という内容でした。気管チューブを取り外したら死ぬと思ったのですが、気管チューブを取り外しても予測に反して、患者は「ゼーゼー」と音を出しながらエビのように反り返ったわけです。そこで皆は驚きました。「死なないではないか」、と主治医も慌てまして、「このままでは良くない」、と思ったのでした。そこでやめておけばよかったのですが、結局、准看護師さんに指示をし、筋弛緩剤（ミオブロック）を持って来させました。筋弛緩剤というのは打てば死にます。現に患者は死にました。苦痛を取るどころではありません。塩化カリウムや筋弛緩剤というのは致死薬でもあり、生命を奪うものであります。これについて、当然ながら検察官は、本人の希望もありませんから、刑法199条の殺人罪で起訴したわけです。検察官は、懲役5年を求刑しました。ところが、弁護人は、これはあくまでも治療行為の一環として治療の中止を行った、ということで正当化可能であり、少なくとも実質的違法性がない、もしくは可罰的違法性がない、という主張をしたのですけれども、第1審は、平成17年3月25日の判決で、懲役3年、執行猶予5年の有罪判決を下しました。

(2) 第1審判決の論理

　第1審判決の論理を8点にわたってまとめていますので、ポイントだけお話します。

　まず、1番目、2番目、3番目、4番目は、総論的な内容です。つまり、どういう考えを柱としてこの問題を考えるか、ということ

です。そこでは、「延命拒否権・自己決定権」、そして「治療義務の限界」の2本柱を立てました。もちろん、前提として1番目は、「生命の尊さ」、「自己の生き方の最後の手段としての、最後の選択としての死の迎え方」、これらを強調しています。いきなり「死ぬ権利」ということを言っているのではありません。2番目でも念を押していますけれども、自己決定の尊重というのは「自殺の権利」や「死ぬ権利」を認めるのではなく、「自己の生き方」、「生き様」、これを自分で決めること、最後の死の迎え方を自分で決めることなのだ、と念を押しています。この考えは、私はずっと前から強調していたことなので、これについては特に異論はありません。

　ただ、3番目は、少し厳しいのですが、死期が目前に迫っている、とかなり限定しています。欧米諸国の議論をみてみますと、尊厳死については別に死期が迫っていなくてもよい、多少幅を持たせてもよい、という議論が多いのですが、日本ではかなり抑制的です。また、単独で判断するのではなく、他の医師の意見も聞け、ということをここで言っています。そこで判断が付き難い場合には、「疑わしきは生命の利益に」（ラテン語で「*in dubio pro vita*」）という原則を強調しています。

　4番目には、インフォームド・コンセントです。自己決定権の前提としての十分な情報提供が必要ですが、これは、しかし、実際上は家族に言うほかないでしょう。

　そこで、5番目に、家族はどのような役割を有するか。これが、5番目以下で述べられます。特に5番目と6番目がこの判決のポイントだ、と私は理解しています。つまり、「病状の進行、様態の悪化等から患者本人の任意な自己決定およびその意思の表明や主治医の直接の確認ができない場合には自己決定の趣旨にできるだけ沿い、これを尊重できるように患者の真意を探求しなさい」、ということ

◆ 3 ◆ 尊厳死問題の法理と倫理

を強調しています。

　これを受けて、6番目に、さらに真意の探求に当っては、事前の意思が何かに記録されていないか、がポイントになります。典型例は、「リビング・ウイル」とか「アドバンスト・ディレクティブ」です。リビング・ウイルとは、文書にきちんと書式を整えて延命拒否の意思を書いておくものです。これについては、日本尊厳死協会が普及活動をしています。これに対して、アドバンスト・ディレクティブは、決して統一的な書式ではなく、直筆の遺言というタイプもありますし、もっと簡略的なものもあります。幅があります。そういうものが残っていれば、これを家族などが見て、患者の意思の推測を行ってもよい、とするわけです。これが許容の限界かな、という気がします。それさえも判らない場合は、「疑わしきは生命の利益に」判断すべきことになります。

　ところが、裁判所は、7番目に、それのみならず、プラスアルファとして、患者がどう思っていようとも、客観的な治療義務の限界がある、ということも言っています。つまり、医学的に見て有害かあるいは意味がない、と判断される治療については、医師によってその治療を続ける義務、あるいはそれを行う義務は法的にない、ということを言っています。この意味するところは、多少難しくて判りません。この基準がどこに求められるか、です。脳死段階の基準を考えているのかもしれません。しかし、医師に裁量を認めすぎると、場合によっては脳死よりもっと前の段階で治療中止が行われることになりかねません。患者の意思にこだわらなければ、この考えがもっともっと強調される可能性があります。これについて、私は、やや疑問を持っています。

　8番目は、本人の個人的な考えを押しつけてはならない、というものです。他の医師の意見も聞け、ということです。自分の死生観

を押しつけてはならないとするのは、重要です。この第1審判決は、問題点もありますけれども、説得力がある部分もある、と思います。

(3) 第2審判決の論理

ところが、今年（2008年）の2月28日に下された東京高等裁判所判決は、結論は有罪で同じでしたけれども、刑を軽くして懲役1年6月、執行猶予3年ということで、破棄自判でした。刑が軽くなった理由は、家族の同意があったから、ということです。第1審は、家族の同意がなかった、と判断したのですけれども、第2審は、家族の同意があった、として刑を軽くしています。それ以外のことはあまり積極的に述べておらず、むしろ2つの点で第1審判決の批判を展開したのです。

第1に、第1審判決は患者の自己決定権アプローチをとっていましたけれども、第2審判決は、これには問題がある、と指摘しています。つまり、終末期において患者自身が治療方針を決定することは憲法上保障された自己決定権と言えるのだろうか、延命拒否権などというのは憲法上保障された自己決定権と言えるのだろうか、という問題提起です。これは大きな問題です。

日本では、ご承知のとおり、民事事件ではありますけれども、エホバの証人の輸血拒否事件で最高裁が憲法13条の人格権のひとつとして輸血拒否権を認めました（最判平成12年2月29日民集54巻2号582頁）。もちろん、輸血拒否権と延命拒否権とは、まったく同等とは言えませんけれども、拒否権というレベルで考えると、少なくとも延命拒否権を私は認めてよいのではないか、と考えています。もっとも、憲法上の権利と言えるかどうか、という争いはあります。

そして、これと関連して、刑法202条の自殺関与罪の規定があるのだから、これを本当に正当化するほどの根拠があるのか、という指摘です。延命拒否権だけでは根拠としては弱いのではないか、と

99

◆ 3 ◆ 尊厳死問題の法理と倫理

多分言いたいのであろう、と思います。

　さらに、意識が急になくなったような患者の場合、家族により自己決定の代行を行うと言うけれども、あるいは患者の意思の推定と言うけれども、そういう場合、終末期医療に伴う家族の経済的、精神的な負担の回避という思惑が入ってくるので、患者の現実的な意思の確認という点について、むしろフィクションになりがちではないか、という疑問点を出しています。これは、たしかに、そのような側面はありますけれども、「すべてフィクションだ」と言ってしまうと、多くの場合、法の世界はフィクションだという部分がかなり出てこざるをえないでしょうから、合理的に判断できる範囲であれば、私は、事前の意思表示でも、家族の判断をそこに加えて患者の考えを判断してよい、と考えます。ただ、家族だけで判断してよいか、という問題が残ります。それはまた、のちほどお話しします。

　第2に、治療義務の限界のアプローチについても批判しています。第1審判決が採った第7番目の理由については、やはり治療義務の限界論を広く適用するのは無理がある、という指摘です。これについては、私も同感です。

　しかし、第2審判決は、「われわれ裁判官も判断できないこの尊厳死の問題を抜本的に解決するには、尊厳死を許容する法律の制定ないしこれに代わりうるガイドラインを皆さんで話し合って作りなさい」、ということを言っています。誰も判らないから裁判所で確認しようと思ったところ、「裁判官も判らない」と言うのでは、それでは一体誰が決めるのでしょうか。そこで、医療界も困ったわけです。医療界だけではありません。それで、いろいろなガイドライン作りも急がれた経緯があります。

　この川崎協同病院事件自体、現在、最高裁に上告中です。最高裁の判断がいずれ出るでしょう。有罪は動かないだろうと思いますが、

その論理に注目したいと思います［その後、最高裁の上告棄却の決定が出されました（最決平成21年12月7日刑集63巻11号1899頁）］。

● 6　尊厳死の法的・倫理的許容の枠組み

(1) 患者の意思が明確な場合

尊厳死の法的・倫理的許容の枠組みをどう考えるか、という問題があります。ここでは、私がかねてから考えていたポイントを整理してみます。

意思決定能力がある患者が人工呼吸器等の措置を最初から拒否する場合、この行為は不作為ですから、そのような形で最初から治療を差し控えた場合、仮に患者が死亡しても、これは正当化できる、と考えます。消極的安楽死の延長で考えて、無理やり延命を強制することはできないだろう、と思います。

難しいのは、1度開始された人工延命治療を打ち切ってよいか、という問題でありまして、この点については争いが多いです。刑法学者の多くは、人工呼吸器を一度着けた以上、これを取り外すということは積極的に殺人行為を行うことであり、したがって作為であるから、取り外しができない、と考える傾向にあります。しかし、私は、かなり前から、一方的に取り外した場合は作為による殺人だけれども、医師と患者の関係、その治療の場で行われた取外し行為というのは「これ以上の治療行為をあなたに施しません」という意味合いの不作為である、と理解しています。ドイツでも、そのような考え方はあります。日本でも、内藤謙先生や斉藤誠二先生などが主張されていましたが、それほど多くはないようです。刑法の行為論で言えば、社会的行為論という考えにつながるだろう、と私は思っています。

また、これは、単に一般的な自殺権の承認とは違うわけです。人

101

◆3◆ 尊厳死問題の法理と倫理

工的に延命させられることを拒否するという状況は、皆さん方も想像がつくことと思います。身体に過剰なまでの侵襲を加えられます。様々なチューブを付けられます。このような煩わしさから解放されたいというのは、重大な利益だと思います。したがいまして、このような場合には延命拒否権を尊重してよく、それに値する利益が片方に十分あるという理由から、少なくとも違法性は阻却されるだろう、と思います。

(2) 患者の意思が不明確な場合

つぎに、患者が事前に明確な意思表示をしていなかったり、意思が不明確な場合、「リビング・ウイル」や「アドバンスト・ディレクティブ」のようなものがあれば、私はこれを尊重してよいのではないか、と考えます。これは、いろいろな国で工夫されていますけれども、川崎協同病院事件の第2審判決ではこの点について批判的でした。しかし、本人の意思を確認するのに「明白かつ説得力ある証拠」があれば、これを認めてよい、と思います。もっとも、一般的な日常会話で感想を言った程度の場合、この扱いは難しいです。この言辞は、決定的ではありませんけれども、しかし、ひとつの手がかりにはなります。いろいろな言動を付き合わせてみると、こういう考えは、かなり本人の考えに近いものがあるという場合、しかも本人の病状の回復の見込みが医学的にはきわめて困難という診断を受けた場合にかぎり、ぎりぎりでそのあたりまでが許容される打切りの範囲ではないか、と考えます。

(3) 患者の意思表示がまったくない場合

ところが、まったく意思表示がない場合、家族だけ、あるいは医師だけで判断して人工延命措置を打ち切ってよいかというと、私は、個人的には疑問を持っています。のちほど述べますが、日本救急医学会のガイドラインでは、これはやむをえないではないか、という

ことになっています。しかし、それは行き過ぎだ、と私は思います。

それでは、この場合が常に犯罪かというと、必ずしもそうではなく、刑法でいう責任阻却という途がありますから、当該行為は違法で問題はあるけれど責任は問わない、あるいは形式上犯罪は成立するけれども可罰的責任はない、という論理をここで持ってこざるをえない、と考えます。もちろん、保険金絡みのような悪質な場合には、殺人罪になるでしょう。

(4) 成年後見制度との関係

最後に、今後、皆さん方が平均寿命80歳をはるかに超える時代を迎えると、いよいよ超高齢化社会となりますけれども、高齢者になってこういう問題に直面した場合、いよいよこれは難しい問題になってきます。家族と言っても、子どもも高齢者になっていますし、夫婦も共に高齢者になっていることが予想されます。そうすると、家族にだけ頼ってもいられません。そこで、世話制度（成年後見制度）というのがドイツにありまして──日本でも成年後見制度は財産についてはありますが、身上監護についてはありません──、ドイツなどの制度や議論を参考にして一定の信頼のおける人を指名しておき、その人に人工延命措置の差控え・中止の判断を委ねるというシステムを考えてよい、と思います。もちろん、その人選には厳しい要件が必要です。

● 7　近年のガイドライン策定の動向

(1) いくつかのガイドライン

厚生労働省のガイドラインが2007年に出る2年程前に私が提言した私的ガイドライン案は、あとで示す厚生労働省のガイドラインと割合に近いものもあります。私のガイドライン案については詳細は割愛しますが（甲斐克則「尊厳死・安楽死をめぐる法と論理」麻酔55巻

103

◆ 3 ◆ 尊厳死問題の法理と倫理

増刊号（2006年）93頁以下、特に97頁以下等［甲斐克則『終末期医療と刑法』（成文堂、2017年）所収］参照）、基本的にはひとつの共通の枠組みを公的にガイドライン化し、細かい点は医学界のガイドラインに委ねる、というような提言でした。結果的に、あとで取り上げる厚生労働省のガイドラインも実際にそのようになっています。厚生労働省のガイドラインのほかに、日本救急医学会その他の医学系のガイドラインがありますが、当面はそれらを積み重ねて行くほかないでしょうし、その中でさらにルールが洗練されていくだろう、と思います。生命倫理の積重ねが法規範を形成していく場合がありうる、と思うわけです。

⑵ **厚生労働省のガイドライン**

厚生労働省のガイドラインは、以下のとおりです。

厚生労働省「終末期医療の決定プロセスに関するガイドライン」（平成19年（2007年）5月）［2015年に「人生の最終段階における医療の決定プロセスに関するガイドライン」に名称変更］

1　終末期医療及びケアの在り方
① 医師等の医療従事者から適切な情報の提供と説明がなされ、それに基づいて患者が医療従事者と話し合いを行い、患者本人による決定を基本としたうえで、終末期医療を進めることが最も重要な原則である。
② 終末期医療における医療行為の開始・不開始、医療内容の変更、医療行為の中止等は、多専門職種の医療従事者から構成される医療・ケアチームによって、医学的妥当性と適切性を基に慎重に判断すべきである。
③ 医療・ケアチームにより可能な限り疼痛やその他の不快な症状

104

を十分に緩和し、患者・家族の精神的・社会的な援助も含めた総合的な医療及びケアを行うことが必要である。

④ 生命を短縮させる意図をもつ積極的安楽死は、本ガイドラインでは対象としない。

2 終末期医療及びケアの方針の決定手続

終末期医療及びケアの方針決定は次によるものとする。

(1) 患者の意思の確認ができる場合

① 専門的な医学的検討を踏まえたうえでインフォームド・コンセントに基づく患者の意思決定を基本とし、多専門職種の医療従事者から構成される医療・ケアチームとして行う。

② 治療方針の決定に際し、患者と医療従事者とが十分な話し合いを行い、患者が意思決定を行い、その合意内容を文書にまとめておくものとする。

上記の場合は、時間の経過、病状の変化、医学的評価の変更に応じて、また患者の意思が変化するものであることに留意して、その都度説明し患者の意思の再確認を行うことが必要である。

③ このプロセスにおいて、患者が拒まない限り、決定内容を家族にも知らせることが望ましい。

(2) 患者の意思の確認ができない場合

患者の意思確認ができない場合には、次のような手順により、医療・ケアチームの中で慎重な判断を行う必要がある。

① 家族が患者の意思を推定できる場合には、その推定意思を尊重し、患者にとっての最善の治療方針をとることを基本とする。

② 家族が患者の意思を推定できない場合には、患者にとって何

◆3◆ 尊厳死問題の法理と倫理

　　　が最善であるかについて家族と十分に話し合い、患者にとっ
　　　ての最善の治療方針をとることを基本とする。
　③　家族がいない場合及び家族が判断を医療・ケアチームに委ね
　　　る場合には、患者にとっての最善の治療方針をとることを基
　　　本とする。
(3)　複数の専門家からなる委員会の設置
　　　上記(1)及び(2)の場合において、治療方針の決定に際し、
　・医療・ケアチームの中で病態等により医療内容の決定が困難な
　　場合
　・患者と医療従事者との話し合いの中で、妥当で適切な医療内容
　　についての合意が得られない場合
　・家族の中で意見がまとまらない場合や、医療従事者との話し合
　　いの中で、妥当で適切な医療内容についての合意が得られない
　　場合
　　等については、複数の専門家からなる委員会を別途設置し、治療
　　方針等について検討及び助言を行うことが必要である。

　このガイドラインについても、時間の関係で詳しくは扱えません
ので、ポイントだけ述べます。チーム医療で行うべきこと、困難な
場合は倫理委員会で判断すること等を謳っています。加えて、患者
の意思の確認ができる場合とそれを確認できない場合の2つに大き
く分けてルール化をしています。本人の意思の確認ができる場合は
よいのですが、それが確認できないような場合、特に問題となりま
す。厚生労働省のこのガイドラインでは、この場合、医療ケアチー
ムを作り、この中で慎重な判断を行うべきだ、と言っています。そ
して、患者の意思を推定できる場合にはその推定意思を尊重し、患
者にとって最善の治療方針を基本とすべきだ、としています。ここ

106

まではよいとしても、その場合でも、患者の意思を探求する具体的手がかりを持ってこなければいけません。

問題は、家族が患者の意思を推定できない場合にどうするか、であります。ガイドラインでは、患者にとって何が最善か、について家族と十分に話し合い、患者にとっての最善の治療方針をとることを基本とする、としています。しかし、家族と医師との話合いで本当に決まるのでしょうか。「家族」の範囲というのが非常に難しいです。同居している家族なのか、あるいは遠方から駆けつけて何年に1度しか会わないような家族も入るのでしょうか。どういう家族がこの射程範囲に入るのか、という点も、実はあまり詰められていません。さらに、夫婦でも、内縁の妻はよいのか、あるいは友人はだめなのか、といったような問題が課題として残ります。

家族がいないような場合には、医療ケアチームに委ねて患者の最善の治療方針をとる、ということになっていますが、いよいよこのチームでさえ判らない場合には、複数の専門家からなる委員会を別途設置し、治療方針等について検討および助言を行うことが必要になります。したがいまして、最後は倫理委員会で判断せざるをえません。私もいくつかの施設の倫理委員をやっておりますが、倫理委員会も質がばらばらです。形式上、「倫理委員会」とは名ばかりの施設もある、と聞いています。今後は、生命に関わる重大な判断をするのであれば、倫理委員の資格をきちんとチェックするシステムを作っておかないといけません。ただ単に、「さあ集まって下さい」、「この案件をどうしましょうか」、「YES でしょうか NO でしょうか」ということだけを検討するような倫理委員だと、とんでもない結論を出した場合には、極端な話ですが、全員が殺人罪の共同正犯、あるいは教唆犯という珍奇な事件も起きかねません。したがいまして、まだまだまだ課題は残るわけです。どのような場合に倫理的判

107

◆ 3 ◆ 尊厳死問題の法理と倫理

断、倫理委員会としての判断ができるか。この議論も課題として
残っています。

(3) 医学界のガイドライン

これを受けて、医学界のガイドラインもいくつか出ております。
がんなどの緩和ケアにつきましては、日本緩和ケア学会のガイドラ
インが2004年にできておりますが、今日は割愛いたします。より興
味深いのは、今年（2007年）の９月に公表されたばかりの、日本救
急医学会・救急医療における終末期医療に関する特別委員会の「救
急医療における終末期医療のあり方に関するガイドライン」です。
実は今年の３月に案が公表され、それについて公開シンポジウムが
東京でありまして、私もそこに行っておりました。この案は、本人
の意思がはっきりしている場合には最初から延命治療をやらなくて
もよいとしており、これは、もちろん了解です。ところが、途中で
打ち切る場合、しかも本人の意思が判らない場合、家族の意見を聞
いて、家族が医師にゲタを預ける場合には、医師が裁量で人工延命
措置の中止を決定してもよい、ということまで決めておりました。
私は、「そこまで言い切るにはまだまだ早い」、という意見を出した
わけですが、結局、最終バージョンもそういう落ち着き方をしてい
ます。その点が課題だろうと思います。

俗に言う「あうんの呼吸」で人工延命措置の中止をしていた実態
もあります。実は、この日本救急医学会のガイドラインが出る直前
に、千葉県のある病院で５名ほどの患者に対して人工延命措置の中
止が行われた、という学会報告がなされています。そういう実例も
あったことは、すでに指摘されています。これを検察官が訴追する
かどうかは分かりません。

医療現場、特に救急現場は、確かに大変なようで、ガイドライン
をまとめられた昭和大学医学部の有賀徹先生（委員長）は、「われ

われはとにかく毎日何十人という救急患者を目の前にしてやっています。こういうルールを早く作らないとどうにもなりません。このガイドラインは法律ではありませんが、このルールを守っていて仮に訴追されることがあっても、『処罰するなら、してみろ』というくらい腹をくくっています」、と強調されました。その言わんとすることは分かるのですが、さまざまな課題が残っている、という気はいたします。まだまだ今後の議論を積み重ねる必要がある、と思います。

● 8　おわりに

(1) 海外の動向

この問題では、外国でも苦悩しております。ドイツにも昨年（2006年）調査に行きました。別件で行ったのですが、そのときにいろいろ聞いてきました。事前に文献から、ドイツで立法提言がなされていることは、私も調べておりました。ドイツ連邦議会審議会が「中間答申」（事実上の最終答申）で「事前の患者の指示、つまりアドバンス・ディレクティブを立法化せよ」、と提言していましたし、首相直属の国家倫理評議会も「患者の事前の指示を立法化せよ」、と提言していました。いよいよ法律ができるかな、と思っていましたが、結局はできていません。マックス・プランク外国・国際刑法研究所で専門家（アルビン・エーザー博士とハンス・ゲオルク・コッホ博士）にお聞きしたところ、当面は法律はできないようです。ドイツの刑法学者たちも案を出しましたけれども、結果的には立法化には結び付かなかったようです。理由は、ドイツでは連邦医師会の権限が非常に強く、日本の弁護士会と同様に強制加入でして、この医師会が良いガイドラインを作っています。「死にゆくことの看取りのガイドライン」です。これを守っていれば法律に代わるルールにな

◆ 3 ◆ 尊厳死問題の法理と倫理

るということで、これを遵守しておけば捜査機関も訴追しないという暗黙のルールがある、と聞きました。これも、倫理規範として洗練された一定の規範でして、ある意味では法的な拘束力を持つ倫理規範の典型です。

　他方、フランスでは2005年に尊厳死法ができました。2002年にはその前段階として、患者の権利を保障する法律が別途できて、その後、2005年に、最後ぎりぎり患者の意識がなくなった場合には、事前の意思を尊重するという内容の法律ができたわけです。突然にこの法律ができたわけではありません。最近の立法例としてご紹介しておきたいと思います。

　なお、オランダもガイドラインを作っていますが、本日は割愛します。

(2) 法と倫理と宗教のコラボレーション

　以上、法律論を中心に話してきました。法と倫理、あるいは宗教、こういうものが実は現場では重要になってくるということです。法律はあくまでも大枠しか作れないのです。法律ですべてを解決することはできないのです。この問題を30年近く研究してきて、つくづくそう思います。細かい部分は、臨床倫理だとか、医療倫理だとか、あるいは場合によっては宗教観も関係してきます。

　宗教との関係は、時間がなくてあまり詳しく話せませんでした。終末期医療に限りませんけれども、われわれは、現代社会において、「自分とは何か」、「人間とは何か」、「生命とは何か」という問いと共に、いわば未知の分野、とりわけ現代テクノロジーの荒野の中に放り出されている気がするわけです。このような問題を通して、「いったい人間とは何か、人はどこから来て、どこへ行くのか」、そして「自分とは何か」を考える必要があります。そのひとつの参考として、上田閑照先生と柳田聖山先生の書かれた『十牛図──自己

110

の現象学』（筑摩書房、1982年）という本があります。これは随分前に出ましたが、私はいつも座右の書として置いております。これは、失った自己（牛に準えています）を取り戻すというストーリーが10個の図から成り立っています。仏教の禅の思想から来ています。これなどは、ハイデッガーなども随分影響を受けた、と言われています。

　生命倫理の問題を議論していますと、曹洞宗の人などが積極的に発言をしています。終末期医療の問題でも、宗教との関わりは非常に重要です。特にコミュニケーションの取り方が重要で、法律家はこれを十分にはなしえません。結局は、臨床倫理で現場の人がコミュニケーションを取ったり、それをサポートする人が取ったりするわけです。そのような支えがないと、終末期医療はうまくいきません。そのことを最後に言いたいと思います。同時に、倫理的な側面と法的な側面の整備、これを相互補完的にトータルに考えていかないと、なかなか解決にはほど遠いということです。

　どうも長い時間、ご清聴ありがとうございました。

〔参考文献〕
・甲斐克則『安楽死と刑法——医事刑法研究第1巻』（成文堂、2003年）
・甲斐克則『尊厳死と刑法——医事刑法研究第2巻』（成文堂、2004年）
・甲斐克則「終末期医療・尊厳死と医師の刑事責任——川崎協同病院事件第1審判決に寄せて」ジュリスト1239号（2005年）［甲斐・後掲『終末期医療と刑法』所収］
・甲斐克則「尊厳死・安楽死をめぐる法と論理」麻酔55巻増刊号（2006年）［甲斐・後掲『終末期医療と刑法』所収］
・甲斐克則「法律からみた尊厳死」医療教育情報センター編『尊厳死を考える』（中央法規、2006年）
・ペーター・タック（甲斐克則訳）『オランダにおける緩和的鎮静と安楽死』ジュリスト1308号（2006年）［ペーター・タック（甲斐

◆ 3 ◆ 尊厳死問題の法理と倫理

　　克則編訳）『オランダ医事刑法の展開 ── 安楽死・妊娠中絶・臓器
　　移植』（慶應義塾大学出版会、2008年）所収］
・甲斐克則=飯田亘之編『終末期医療と生命倫理』（太陽出版、2008年）
・甲斐克則『終末期医療と刑法 ── 医事刑法研究　第7巻』（成文堂、
　　2017年）

4
日本における終末期医療をめぐる法と倫理

1 はじめに

　終末期医療をめぐる法と倫理を考えるうえで、現在、日本で最も
問題になっているのが、人工延命措置の差控え・中止（いわゆる
「尊厳死」）の問題です[1]。尊厳死（自然死）とは、「新たな延命技術
の開発により患者が医療の客体にされること（「死の管理化」）に抵
抗すべく、人工延命治療を拒否し、医師が患者を死にゆくにまかせ
ることを許容すること」と一応定義しておきましょう[2]。この問題
について日本で実践的議論が始まったのは、1990代に入ってからで
あり、21世紀になると、各地で具体的事件が起き、各界のルールが
作られ、川崎協同病院事件では、2009年の最高裁判所の判例まで登
場しました。いまや、人工延命措置の差控え・中止（「尊厳死」）を
めぐる法と倫理に関する問題は、きわめて重要な問題として解決を
迫られています。最も検討すべき課題は、人工延命治療の差控え
（withholding）と中止（withdrawing）の過剰なまでの区別が大きな弊
害をもたらしているのではないか、という点です。すなわち、日本
では、最初から延命治療を差し控えることには過剰に寛大ですが、
ひとたび延命治療を開始すれば途中で中止することは犯罪になる可
能性があるので中止できない、という奇妙な「呪縛」が蔓延してお
り、その結果、救命可能な患者の延命治療がなされないケースがし
ばしばある、とも言われています。それが、単に刑事訴追を恐れて
そうするというのであれば、本末転倒ではないでしょうか。集中治

113

◆ 4 ◆ 日本における終末期医療をめぐる法と倫理

療室（ICU）で延命治療を開始し、様子を観察して、いよいよ回復
困難で予後の見通しが絶望的になった時点で延命治療を中止するこ
とは、一定の条件下で（刑）法的にも許容する途を確保しておかな
いと、この奇妙なジレンマを克服することはできないでしょう。本
講演では、このような問題意識から、近年の日本の議論の動向に焦
点を当てて、法的・臨床倫理的観点から論じることにします。

● 2　日本における近年の問題状況

　21世紀に入り、日本においても、尊厳死問題のルールをめぐり各
方面でにわかに動きが活発化し始めました。それは、1997年の東海
大学病院事件横浜地裁判決当時の問題関心[3]を上回っています。2004
年、北海道羽幌町の道立羽幌病院で患者（90歳）の人工呼吸器を家
族の同意を得ただけで取り外して患者を死亡させたという事件
（2005年、行為と結果との因果関係がないということで不起訴処分）、2006
年、富山県の射水市民病院において主治医が単独で家族の同意を得
て（一部は家族の同意を得ずに）7名の患者の人工呼吸器を取り外し
て死亡させたという事件[4]（2009年、不起訴処分）等、類似の事件が
相次ぎ、社会的関心を呼びました。いずれも不起訴処分になったこ
とから、この種の事案で刑事事件性はほとんどないかのような印象
を与えています。それにもかかわらず、司法の法的基準が明確でな
く、医療関係者や法曹の間では、1度開始した延命治療を打ち切る
ことは依然として殺人罪として訴追の対象となりうる、という呪縛
が続いており、最初から延命治療を差し控えることは許されるが、
1度開始した延命治療を中止することはできない、という奇妙な状
況・ジレンマが続いています。これは、法的・倫理的に大きな問題
です。しかし、冷静に分析すれば、捜査機関は、第1に、延命治療
中止と死亡との間の因果関係が明確になければ起訴しないとの立場

114

をとっているし、第2に、延命治療中止に関して本人または家族の意思を無視しないかぎりは殺人罪として起訴しない傾向が強い、と推測されます。

この間にあって、日本尊厳死協会による立法化要請の動き[5]や、超党派国会議員の立法化に向けた活動がありました。司法の場では、人工延命治療の中止の許容性について川崎協同病院事件第1審判決が終末期医療における患者の自己決定権を基軸とした実に興味深い論理を展開しましたが、第2審判決は、自己決定権アプローチには批判的です。なお、最高裁決定は、必ずしも明確な態度を示していませんが、そこから一定の方向性を看取できます。

一方、2007年5月に、厚生労働省「終末期医療の決定プロセスのあり方に関する検討会」は、「終末期医療の決定プロセスに関するガイドライン」〔このガイドラインは、2015年（平成27年）3月に「人生の最終段階における医療の決定プロセスに関するガイドライン」に名称が変わりました。〕を公表しました。これは、この問題に関して日本で唯一の公的ガイドラインです。しかし、このガイドラインの性格は、「話し合い」により終末期医療の決定プロセスを明確化しようとするものであり、実体的基準がなお不明確なままであるため、医療現場ではなお戸惑いがあるようです。その他、日本救急医学会や日本医師会第Ⅹ次生命倫理懇談会が相次いで「ガイドライン」を公表しつつあります。しかし、これら一連のガイドライン相互の関係については、依然として詰めた検討がなされていないことから、どこか「ぎくしゃく」した状況が続いているのが現状です[6]。

以上の動向を踏まえて、尊厳死問題における病者の自己決定はどのように扱われるべきでありましょうか。家族の意思はどのように位置づけるべきでありましょうか。あるいは、「最善の利益モデル」はどのように位置づけるべきでありましょうか。

◆ 4 ◆ 日本における終末期医療をめぐる法と倫理

● 3 司法の動向

(1) 東海大学病院事件

司法の動向を概観しておきましょう。1997年のいわゆる「東海大学病院事件」判決（横浜地判平成7年3月28日判例タイムズ877号148頁）は、医師による安楽死の是非が争点でしたが、傍論ながら、治療中止の要件についても、大要、次のように述べました[7]。

治療行為の中止（いわゆる尊厳死）は、意味のない治療を打ち切って人間としての尊厳性を保って自然な死を迎えたいという患者の自己決定権の理論と、そうした意味のない治療行為までを行うことはもはや義務ではないとの医師の治療義務の限界を根拠に、以下の3要件の下に許容される。①患者が治癒不可能な病気に冒され回復の見込みがなく死が避けられない末期状態にあること。治療中止が患者の自己決定権に由来するとはいえ、その権利は死ぬ権利を認めたものではなく、死の迎え方ないし死に至る過程についての選択権を認めたにすぎない。②治療行為の中止を求める患者の意思表示が中止の時点で存在すること。中止を検討する段階で患者の明確な意思表示が存在しないときには、患者の推定的意思によることを是認してよい。③治療行為中止の対象となる措置は、薬物療法、人工透析、人工呼吸器、輸血、栄養・水分補給など、疾病を治療するための治療措置及び対症療法である治療措置、さらには生命維持のための治療措置など、すべてが対象となる。

この判決は、第1に、患者の自己決定権と医師の治療義務の限界を根拠に許容要件を考えていますが、内容的にやや曖昧です。判決が、自己決定権は「死ぬ権利」を認めたものではなく、死の迎え方ないし死に方に至る過程についての選択権を認めたにすぎないとする点は妥当ですが、治療義務の限界がそれとどのように関係するの

か、あるいはその限界がどこから導かれるかは、明らかではありません。また、延命拒否と自殺関与罪との関係についても不明確です。第2に、判決が、患者の意思表示が治療中止時点で存在することを原則としつつ、事前の文書による意思表示（リビング・ウィル等）もしくは口頭による意思表示がある場合はこれを有力な証拠として推定的意思で足りるとする点は、それが「明白かつ説得力ある証拠」として認められるかぎりで基本的に妥当です。しかし、事前の意思表示が何ら存在しない場合にも判決が家族の意思表示から患者の意思を推定してよいとする点は、家族の判断に安易に頼りすぎる懸念があり、疑問が残ります。家族の有り様も様々であり、より慎重な判断が求められます。第3に、判決は、治療行為中止の対象として、薬物療法、人工透析、人工呼吸器、輸血、栄養・水分補給など、疾病を治療するための治療措置および対症療法である治療措置、さらには生命維持のための治療措置など、すべてを挙げていますが、栄養分や水分の補給の全面中止については、議論が多いところです。おそらく病態によっても扱いに差が出てくるであろう点を、慎重に考慮する必要があるものと思われます。もちろん、本人が明確にすべてを拒否していた場合は、その意思を尊重してよい、と思われますが、そうでない場合は、後述のように、その延命措置が患者に何をもたらすかを慎重に見極めて判断する必要があります。

(2) 川崎協同病院事件

その後、川崎協同病院事件が裁かれました。被告人（呼吸器内科部長）は、担当していた患者I（当時58歳）が、気管支喘息重積発作に伴う低酸素性脳損傷で意識が回復しないまま入院し、延命を続けることでその肉体が細菌に冒されるなどして汚れていく前に、Iにとって異物である気道確保のために鼻から気管内に挿入されているチューブを取り去ってできるかぎり自然なかたちで息を引き取らせ

◆4◆ 日本における終末期医療をめぐる法と倫理

て看取りたいとの気持ちをいだき、Iに対し、前記気管内チューブ
を抜き取り呼吸確保の措置を取らなければIが死亡することを認識
しながら、あえてそのチューブを抜き取り、呼吸を確保する処置を
取らずに死亡するのを待ちました。ところが、予期に反して、Iが
「ぜいぜい」などと音を出しながら身体を海老のように反り返らせ
るなどして苦しそうに見える呼吸を繰り返し、鎮静剤を多量に投与
してもその呼吸を鎮めることができなかったことから、そのような
状態を在室していたその家族らに見せ続けることは好ましくないと
考え、このうえは、筋弛緩剤で呼吸筋を弛緩させて窒息死させよう
と決意し、事情を知らない准看護師（当時24歳）に命じて、注射器
に詰められた非脱分極性筋弛緩薬である臭化パンクロニウム注射液
を、Iの中心静脈に注入させて、まもなくその呼吸を停止させ、同
室において、Iを呼吸筋弛緩に基づく窒息により死亡させたのです。

第1審判決（横浜地判平成17年3月25日判例タイムズ1185号114頁）
は、次のような論理を展開して、治療中止の正当性を否定しました
（懲役3年執行猶予5年）[8]。①治療中止は、患者の自己決定の尊重と
医学的判断に基づく治療義務の限界を根拠として認められる。②終
末期における患者の自己決定の尊重は、自殺や死ぬ権利を認めると
いうものではなく、あくまでも人間の尊厳、幸福追求権の発露とし
て、各人が人間存在としての自己の生き方、生き様を自分で決め、
それを実行していくことを貫徹し、全うする結果、最後の生き方、
すなわち死の迎え方を自分で決めることができるということのいわ
ば反射的なものである。③自己決定には、回復の見込みがなく死が
目前に迫っていること、それを患者が正確に理解し判断能力を保持
しているということが不可欠の前提である。④自己決定の前提とし
て十分な情報（病状、考えられる治療・対処法、死期の見通し等）が
提供され、それについての十分な説明がなされていること、患者の

任意かつ真意に基づいた意思の表明がなされていることが必要である。⑤病状の進行、容体の悪化等から、患者本人の任意な自己決定及びその意思の表明や真意の直接の確認ができない場合には、前記自己決定の趣旨にできるだけ沿い、これを尊重できるように、患者の真意を探求していくほかない。⑥その真意探求に当たっては、本人の事前の意思が記録化されているもの（リビング・ウィル等）や同居している家族等、患者の生き方・考え方等を良く知る者による患者の意思の推測等もその確認の有力な手がかりとなる。その探求にもかかわらず真意が不明であれば、「疑わしきは生命の利益に」医師は患者の生命保護を優先させ、医学的に最も適応した諸措置を継続すべきである。⑦医師が可能な限りの適切な治療を尽くし医学的に有効な治療が限界に達している状況に至れば、患者が望んでいる場合であっても、それが医学的にみて有害あるいは意味がないと判断される治療については、医師においてその治療を続ける義務、あるいは、それを行う義務は法的にはない。⑧この際の医師の判断はあくまでも医学的な治療の有効性等に限られるべきであり、医師が本人の死に方に関する価値判断を医師が患者に代わって行うことは、相当でない。

これらの枠組みのうち、⑦の治療義務限界論については、なお不明確な部分があり、問題があると思われますが、自己決定権アプローチの部分は、妥当なものと思われます。特に、④で自己決定について患者の任意かつ真意に基づいた意思の表明がなされていることを原則としつつ、⑤で病状の進行、容体の悪化等から、患者本人の任意な自己決定及びその意思の表明や真意の直接の確認ができない場合には、自己決定の趣旨にできるだけ沿い、これを尊重できるように、患者の真意を探求していくほかない、としている点、そして、⑥でその真意探求に当たっては、本人の事前の意思が記録化さ

119

◆ 4 ◆ 日本における終末期医療をめぐる法と倫理

れているもの（リビング・ウィル等）や同居している家族等、患者の生き方・考え方等を良く知る者による患者の意思の推測等もその確認の有力な手がかりとなる、としている点は重要です。さらには、その探求にもかかわらず真意が不明であれば、「疑わしきは生命の利益に」患者の生命保護を優先させ、医学的に最も適応した諸措置を継続すべきである、としている点も看過してはなりません。ただ、「患者の真意の探求」に際して家族等による「患者の意思の推測」について、緩やかすぎるように思われます。

　ところが、第2審判決（東京高判平成19年2月28日判例タイムズ1237号153頁）は、刑こそ軽くしましたが（懲役1年6月執行猶予3年）、自己決定権アプローチには批判的であり、「自己決定権による解釈だけで、治療中止を適法とすることには限界があるというべきである」とし、現実的な意思の確認といってもフィクションにならざるをえないとの立場から、刑法解釈論上無理があると説き、治療義務の限界というアプローチにも批判的です。そして、「家族の意思を重視することは必要ではあるけれども、そこには終末期医療に伴う家族の経済的・精神的な負担等の回避という患者本人の気持ちには必ずしも沿わない思惑が入り込む危険性がつきまとう」という懸念を示しています。

　この第2審判決に賛同する見解もあります[9]。しかし、私自身は、第2審判決による第1審判決の治療義務論批判には賛同できますが、自己決定権アプローチ批判の論理については疑問を覚えます[10]。これまでの学説の理論的努力をまったく考慮せず、しかもそれでいて、「尊厳死の問題を解決するには、尊厳死を許容する法律の制定ないしこれに代わり得るガイドラインの策定が必要である」とルール化を説いていますが、何ら論理も示さずに「ルールを皆で作れ」というのは、司法消極主義的色彩が強すぎ、かえって無責任と思われま

す。われわれとしては、その批判を克服する理論的努力をさらに積み重ねる必要があるのではないでしょうか。そして、自己の生を最期まで自分らしく生きることを保障する重要な砦として患者の延命拒否権を位置づけ、可能なかぎり「患者の真意の探求」の途を模索すべきだと考えます。

その後、被告人の上告に対して、最高裁判所は、特別に新たな判断を示してはいませんが、事実関係の中から敢えて、「本件気管内チューブの抜管は、被害者の回復をあきらめた家族からの要請に基づき行われたものであるが、その要請は上記の状況から認められるとおり被害者の病状等について適切な情報が伝えられた上でされたものではなく、上記抜管行為が被害者の推定的意思に基づくということもできない」という点を重視し、「上記抜管行為は、法律上許容される治療中止には当たらない」という法的判断を下して上告を棄却している点に注目する必要があります（最決平成21年12月7日刑集63巻11号1899頁）[11]。いわば個別事例に対する判断にすぎないとはいえ、裏を返せば、被害者の病状等について適切な情報が伝えられ、かつ抜管行為が被害者の推定的意思に基づいていれば、気管内チューブの抜管は許容される、という解釈も成り立ちうるのです。

以上のように、司法の立場も、犯罪として処罰に値するほどの一方的な延命治療中止を行わないかぎり、犯罪として処罰すると考えていないように思われます。そして、何より検察も、第1に、延命治療中止と死亡との間の因果関係が明確になければ起訴しないとの（刑法上は当然の）立場をとっていること、第2に、延命治療中止に関して本人または家族の意思を無視しないかぎりは殺人罪として起訴しない傾向が強いことが推測されます。

◆4◆ 日本における終末期医療をめぐる法と倫理

● 4 人工延命措置の差控え・中止（尊厳死）をめぐる法理と倫理

それでは、人工延命措置の差控え・中止（尊厳死）の問題をどのように考えればよいでしょうか。

(1) 延命拒否権としての自己決定権

まず、患者の現実の意思ないし事前の意思といった自己決定を可能なかぎり尊重する方向が考えられます。しかし、この考えに対しては、「個人の『自己決定』を強調しすぎる場合、意思による『死の管理化』の問題が生じうる、ということも考える必要がある[12]。」との批判もあります。この点に関しては、以下の点を補足しておきたいと思います[13]。

第1に、終末期医療にかかわらず、生命と法に関する諸問題において、私は、基本的に自己決定万能主義に警鐘を鳴らしてきました[14]。とりわけ積極的安楽死について、自己決定権を強調して正当化を論じる見解は、「結局、法自体が人間の社会的存在としての側面を危殆化せしめることになる」と思います。また、「殺害による苦痛除去は、規範論理的に矛盾である[15]」という点と、「自己決定権は重要だが、万能ではない[16]」という命題をここで再度確認したいと思います。

第2に、自己決定権の問題を尊厳死の問題に当てはめて考えるとき、自己決定(権)の内容は、「延命拒否(権)」という意味での自己決定(権)に本質があります。「人間の尊厳」の内容をカントに倣って「人間を単に手段としてのみ使ってはならない」という脈絡で理解すると[17]、そこには自ずと、合理的根拠のない強制を拒否する権利を保障する内容が含まれざるをえないように思われます。人工延命器具を中心とした侵襲的介入に対して、患者が拒否権を持たない以上、生死を病院に管理されきってしまうことになるのではないで

122

しょうか。私が主張しているのは、その意味における自己決定権の尊重です。

　第3に、私の見解は、「患者の明確な治療拒否の意思表示がない限り尊厳死が認められない」というリジッドな見解ではありません。私は、患者の延命拒否の意思を、①明確な場合、②十分に明確でない場合、③不明確な場合、という具合に3段階に分け、とりわけアメリカのニュージャージー州のコンロイ事件上告審判決（In re Conroy, 486A. 2d1209（1985））の3つのテスト（後述）を意識しつつ、①の場合は当然にその意思を尊重してよく、②の場合も事前の意思表明に一定の合理的根拠があればこれを尊重してよいとし、③の場合は患者が単なる客体に貶められているような場合（例えば、臓器提供のためにだけ延命されているとか、実験の客体にされている場合）を除き、基本的に延命治療の中止は認められない、という見解を展開してきました[18]。このうち、最も争いになるのは、②の場合でしょう。この場合、私の見解によれば、コンロイ事件判決の説く制限的・客観的テスト（患者の治療拒否を推定せしめるある程度信頼に値する証拠があるとき、および患者の生存保持の負担が生存利益より明らかに重いと決定者が判断するとき、人工延命措置の差控え・中止（抜去）を認める。）をクリアーする場合が延命治療中止の許容性の限界だと考えるので、この場合に許容範囲が限定されすぎている点に批判が向けられているものと思われます。すなわち、「もしそうだとすれば、尊厳死問題が生じてきた根幹にある、『一分一秒でも』可能な限り延命をすべきだという近代医療の『延命至上主義』それ自体に対しては、正面からの問い直しが展開されていないことにならないだろうか[19]。」ということです。このような批判の根底には、②の場合には（そして③の場合にも同様に）医師の裁量を広く認め、治療義務の限界をもっと緩やかに設定して広く延命治療の中止を認め

◆ 4 ◆ 日本における終末期医療をめぐる法と倫理

てよいし、そのためには患者の意思に厳格に固執する必要はない、とする考えがあるように思われます。たしかに、このような考えは、ある意味では、現実的な解決策となり、医療現場にも歓迎されるかもしれませんが、他方で、安易に第三者の判断を優先する方向に舵を切ることになりはしないか、という危惧の念も覚えます。

(2) 尊厳死問題の法的・倫理的ルール化

最後に、尊厳死問題の法的・倫理的ルール化について述べておきましょう[20]。まず、尊厳死問題を考えるうえで重要な基本的視点を確認しておく必要があります。

第1に、「疑わしきは生命の利益に」という基本的視点は不可欠です。この原則は、生命の尊重および平等性の保障を与えるものであり、人工延命治療の差控え・中止の場合、そこに合理的な疑念が存在する以上、生命に不利益に解釈してはならないことを意味します。具体的には、例えば、本人の意思を何ら確認することなく、医師が一方的に当該延命治療について「無意味」とか「無益」という価値判断を押し付けてはならないことを意味します。

第2に、「人間の尊厳」を保障することです。これは、生存権の保障と生命の平等性の保障を当然含むほか、患者を医療技術の単なる客体に貶めること（人間を単なる手段としてのみ用いること）を避けるよう要請します。もちろん、過剰な延命が「人間の尊厳」を侵害する場合とはどのような場合か、をより具体的に呈示する必要があります。少なくとも、移植用の臓器確保のためにだけ、あるいは人体実験のためにのみ延命する場合は、それに該当するでしょう。

第3に、対象の明確化が必要です。典型例とされるいわゆる植物状態患者の病状も多様であり、遷延性植物状態（PVS）の段階からそこに至らない程度のものまであるので、その慎重な把握が必要ですし、がんの末期患者の病状も多様であるのでその慎重な把握も必

124

要です。また、慢性疾患患者や認知症患者の場合もあるし、救急患者の場合もあります。さらには、筋萎縮性側索硬化症（ALS）のような難病患者の場合もあります。治療中止をめぐる自己決定権は、「死ぬ権利」を認めたものではなく、死の迎え方ないし死に至る過程についての選択権を認めたにすぎない点、および差控え・中止の対象となる延命治療の内容も、人工呼吸器、人工栄養補給、化学療法等多様である点を再確認する必要があります。すべてを対象にしてよいとする見解もありますが、本人が栄養分・水分のすべてについて拒否をしていない以上、最低限のケアをしつつ「人間の尊厳」に適った「段階的な治療解除」が妥当である、と考えます。

　第4に、患者の意思の確認が重要です。厳密には、それも、いくつかの場合分けが必要です。そこで、つぎに、その場合分けをしつつ、「患者の事前指示」について検討しましょう。

　まず、「患者の事前指示」のように、延命拒否の意思が明確な場合は、患者が延命治療当時に直接意思表示ができかつ延命拒否の意思表示をしていた場合と同様、患者の意思を尊重して、かりに患者が死亡しても、法的に民事・刑事の責任を負わないでありましょう。より厳密には、延命治療当時には直接意思表示ができなかったが、一定期間内の事前の明確な意思表示がある場合、原則としてその意思が継続しているとみることができ、基本的にその意思に拘束力がある、と解釈してもよいでありましょう。リビング・ウィルやアドバンス・ディレクティヴないし事前の指示は、そのかぎりで尊重してよい、と考えます。しかし、当然ながら、事前の意思表示の撤回を保障することが重要です。同時に、延命治療の差控え・中止の決断を迫られる場面とはいかなるものか、を広く情報提供しておくことも重要です。また、「明白かつ説得力ある証拠」（複数人の証言）があれば、口頭でも認めるべきでありましょう。

◆ 4 ◆ 日本における終末期医療をめぐる法と倫理

とはいえ、現実には患者の意思が必ずしも十分に明確でない場合やまったく明確でない場合が多いという現実があります。前者の場合には、「代行判断」を考えざるをえません。問題は、どのような場合に誰が代行判断をすることが許されるか、です。前述のアメリカのコンロイ事件上告審判決では、代行判断の際の代行決定方式として、(a)主観的テスト（代行決定者が患者の願望を十分に知ったうえで明確な証拠に基づいて決定する。)、(b)制限的・客観的テスト（患者の治療拒否を推定せしめるある程度信頼に値する証拠があるとき、および患者の生命保持の負担が生存利益より明らかに重いと決定者が判断するとき、差控え・中止（抜去）を認める。)、そして(c)純客観的テスト（患者の生の負担が生存利益より明らかに重く、治療実施がインヒューマンなものになる場合、主観的証拠なしで差控え・中止（抜去）を認める。) というテストが呈示されました。主観的テストは患者本人の意思と同視してよいでしょうし、制限的客観的テストも患者の意思の手がかりを探りつつ客観的状況を加味して判断するというものですから、客観面の状況把握をきめ細かく行う体制が整えば考慮に値する、と思われます。しかし、純客観的テストは、すでに代行判断の枠組みを超えるものであり、例えば、遷延性植物状態の患者を単なる人体実験の客体としてのみ延命するとか、移植用臓器確保のためにだけ延命する場合が考えられますが、むしろこのような過剰な延命措置の場合には「人間の尊厳」に反する、という論理で延命治療を中止すべきである、と考えます。以上の点に留意すれば、これは、日本でも導入可能なテストである、と思います。

患者の意思がまったく不明確な場合には、なお「代行判断」を採用できるか、疑問です。家族の判断は複数人にわたることもあり、確認しにくいケースもあります。正確な情報提供ないし説明が誰に対してなされたかも、重要な要因となります。また、仮に正確な情

報が家族に伝わっていて、家族が判断を迫られた場合、家族が本人に代わって本当にこの種の問題で判断できるか、あるいはその判断が適法であるかは、もう少し慎重に議論する必要があります。最近、家族の意思による推定を認める有力説も出始めましたが、家族の有り様が多様なだけに、疑問があります。それが認められるのは、患者本人の延命拒否の意思の合理的な推定が可能な場合に限定されるべきでしょう。そして、その探求にもかかわらず真意が不明であれば、「疑わしきは生命の利益に」の原則に則り、患者の生命保護を優先させるべきである、と考えます。

(3) ルール化の方法

残る課題は、ルール化の方法です。患者の事前指示（アドバンス・ディレクティヴ）ないしリビング・ウィル（書面による生前の意思表示）については、患者の意思を尊重するにせよ、立法というハードな方式（ハードロー）ではなく、選択肢としては、書面に限らず多様な方式を採用するガイドライン方式（ソフトロー）のような柔軟な対応をする方が妥当ではないか、と思われます。なぜなら、立法化は、技術的にかなりの困難を伴い、必ずや拡張解釈が繰り返されるだろうからです。もちろん、ガイドラインの場合でも、患者の意思の確認には慎重さが要求され、意思確認を繰り返し行う必要があります。

厚生労働省の「終末期医療の決定プロセスに関するガイドライン」（2007年5月、2015年（平成27年）3月に「人生の最終段階における医療の決定プロセスに関するガイドライン」に名称変更）について若干のコメントを述べておきましょう。膠着状態にある喫緊の問題について、手続面という限定ではあれ、チーム医療を基軸として患者の意思の尊重を中心に各界の議論を集約して公的ガイドラインを策定したことは、評価できますが、しかし、患者の意思が不明確な場

◆ 4 ◆ 日本における終末期医療をめぐる法と倫理

合の取扱いや倫理委員会の質の確保の問題、さらには病態毎の扱いといった繊細な部分の関連学会のガイドラインとの整合性等、細部では課題が残ります。その他、日本医師会「終末期医療に関するガイドライン」(2007年)、日本救急医学会・救急医療における終末期医療のあり方に関する特別委員会「救急医療における終末期医療のあり方に関するガイドライン」(2007年) 等、関連医学界の動きも活発になってきました。これは、議論がオープンになるという点で歓迎すべきことです。とりわけ日本救急医学会のガイドラインは、本人の意思が確認できない場合、家族の意思だけでも人工延命治療の差控え・中止を認めるという内容が盛り込まれていますが、果たして法的にいかなる意味を有するか、なお検討を要します。ということは、患者本人が明確な意思表示または何らかの手がかりとなる意思表示をしていない以上、現段階では問題点の解決にはならないということでしょうか。さらに、今後の課題として、ドイツのように世話人（成年後見人）制度（第3次世話法改正に伴う民法改正）を絡ませる場合には、立法論議が出てくるでありましょう。フランスの尊厳死法 (2005年) の今後の運用等もフォローする必要があります。オープンな議論を踏まえて、具体的提言を深化させていきたい、と思います[21]。

● 5 おわりに

以上を総括すれば、「自己決定は重要だが、万能ではない」という命題を意識しつつも、可能なかぎり患者の延命拒否権を尊重し、それで賄いきれない場面（例えば、意思決定能力が減退した人や子どもの場合）で、医師の裁量ないしイギリスが採用する「最善の利益」テストを補完的に使用して対応すべきだ、というのが結論です。もちろん、「最善の利益」テストの論理構造を明確に示さないと、

安易な「他者決定」に途を譲ることになるのではないかとの批判が
付きまとう点を自覚しなければなりません。いずれにせよ、この種
の領域では、法の役割ないし守備範囲は限定されざるをえません。
法律は、基本的に踏み外してはならない外枠を規律するところに意
義があります。むしろ、医療現場では、適正な生命倫理ないし臨床
倫理を踏まえた対応こそ、患者および患者を支える家族等の支えと
なるように思われます。法律と生命倫理・臨床倫理・医療倫理は、
その意味で、相互補完的にこの問題に連携して取り組む必要があり
ます。

[注]

1）甲斐克則『尊厳死と刑法』（成文堂、2004年）等参照。
2）甲斐・前掲注1）1頁。
3）当時の議論については、甲斐・前掲注1）279頁以下参照。
4）北日本新聞編集局編『いのちの回廊』（北日本新聞、2006年）、会田薫子『延命
　医療と臨床現場──人工呼吸器と胃ろうの医療倫理学』（東京大学出版会、2011
　年）等参照。
5）最近の立法提言として、日本尊厳死協会東海支部編著『私が決める尊厳死──
　「不治かつ末期」の具体的提案』（中日新聞社、2007年）がある。
6）以上の点については、甲斐克則「終末期医療のルール化と法的課題」年報医事
　法学24号（2009年）81頁以下および同誌掲載の諸論稿参照。
7）本判決の詳細な分析については、甲斐克則『安楽死と刑法』（成文堂、2003年）
　157頁以下、特に163頁以下、および同・前掲注(1)284頁以下参照。
8）詳細については、甲斐克則「終末期医療・尊厳死と医師の刑事責任──川崎協同
　病院事件第1審判決に寄せて」ジュリスト1293号（2005年）98頁以下参照。
9）例えば、辰井聡子「治療不開始／中止行為の刑法的評価──『治療行為』として
　の正当化の試み」明治学院大学法学研究86号（2009年）57頁以下参照。
10）第2審判決に批判的なのは、町野朔「患者の自己決定権と医師の治療義務──川
　崎協同病院事件控訴審判決を契機として」刑事法ジャーナル8号（2007年）47頁
　以下、田中成明「尊厳死問題への法的対応の在り方」法曹時報60巻7号（2008
　年）1頁以下。
11）詳細については、小田直樹「判批」『平成22年度重要判例解説』ジュリスト1420
　号（2011年）200頁以下、同「治療行為と刑法」神戸法学年報26号（2010年）1
　頁以下参照。

◆ 4 ◆ 日本における終末期医療をめぐる法と倫理

12）河見誠「人間の尊厳と死の管理化——甲斐克則『尊厳死と刑法』を読んで」法の理論24号（2005年）160－161頁。

13）詳細については、甲斐克則「尊厳死問題における患者の自己決定のアポリア——河見誠助教授の批判に答える」法の理論24号（2005年）173頁以下参照。なお、甲斐克則「終末期医療における病者の自己決定の意義と法的限界」飯田亘之＝甲斐克則編『終末期医療と生命倫理』（太陽出版、2008年）13頁以下参照。

14）安楽死問題の前提となる同意殺人の処罰根拠について、甲斐・前掲注7）25頁参照。

15）甲斐・前掲注7）41頁。

16）甲斐・前掲注7）5頁。

17）「人間の尊厳」の詳細については、甲斐克則「人体構成体の取扱いと『人間の尊厳』」法の理論26号（2007年）3頁以下（甲斐克則『臓器移植と刑法（医事刑法研究第6巻）』（成文堂、2016年）3頁以下所収）等参照。

18）甲斐・前掲注1）92頁以下、209頁以下、286頁以下参照。

19）河見・前掲注12）163頁。

20）詳細については、甲斐・前掲注6）81頁以下参照。

21）以上の詳細については、甲斐克則「日本における人工延命措置の差控え・中止（尊厳死）」甲斐克則＝谷田憲俊編『生命倫理第5巻　安楽死・尊厳死』（丸善出版、2012年）所収参照。

〈付記〉本章の注6）、8）、13）に掲げた諸論文を含め、2005年以降の終末期医療に関する私の諸論文は、甲斐克則『終末期医療と刑法』（成文堂、2017年）に収められているので、参照していただければ幸いです。

5
人工妊娠中絶と生殖医療
——医事法・生命倫理の観点から——

　私は、刑法という法律の分野を30数年研究してまいりました。同時に、医事法の研究も同じ年数ずっとやってきました。生命倫理もそれとかかわってきますので、生命をめぐる問題というものに30年以上かかわってきたことになります。

　この度、日比野由利先生から生殖医療に関して何か話をしていただけないか、という依頼を受けまして、タイトルをどうしようかと考えました。人工妊娠中絶の問題、それから生殖医療の問題、普通はどちらか一方に絞って話すことが多いのですが、トータルにこの問題を考える必要があるのではないか、とかねがね思っておりました。生命をめぐる問題、特に生命の誕生の問題で、生殖補助医療ばかりに焦点が当てられることが多いのですが、自然の状態で妊娠したにもかかわらず妊娠中絶をするという現実も数多くあって、この問題を別問題にして扱うというのは、私はどうも違和感を覚えております。トータルに生命の誕生の問題を考えなければいけないのではないか、という観点から、両方を関連づけてとらえ直すべきだ、と思っています。したがいまして、その問題意識を鮮明に出したうえで話を進めたいと考えております。今日の話の6割ぐらいは、2010年に出した私の著書の『生殖医療と刑法』（成文堂）の中に書いている部分と重複するところはあろうかと思います。残りの4割は、一昨日ドイツから帰ってきたばかりですので、ドイツでの動きも多少織り込んで、最新の情報もお伝えしたいと思います。

◆5◆　人工妊娠中絶と生殖医療——医事法・生命倫理の観点から

● 1　はじめに——出産と法のかかわり

(1) 現行法と出産のかかわり

　まず、出産と法の関わりという問題を少し整理しておきます。日本では、出産する女性の側に立った法整備というものが非常に遅れています。端的に言うと、これがスタートラインです。介助する側、あるいは胎児、新生児、それぞれについて出産の周辺の法体制というものも、非常に不十分です。

　基本法である民法からして、せいぜい3条1項で「私権の享有は、出生に始まる。」としか規定していません。これは、当たり前のことを書いているわけですが、柱となるのは、せいぜいこれくらいです。胎児についてみても、民法の886条1項で「胎児は、相続については、既に生まれたものとみなす。」とか、2項で「前項の規定は、胎児が死体で生まれたときは、適用しない。」とか、こういう規定がいわば「おまけ的」に付いているのが現状です。

　刑法も同様で、せいぜい堕胎罪の規定（刑法212条～216条）があるくらいです。刑法の性格上これはやむをえないかもしれませんが、それを補うはずの母体保護法、これがまた十分かというと、後でも述べますとおり、まだまだ見直す余地があるのではないか、と思われます。それ以外ですと、労働基準法の64条の3とか65条で妊婦の就業制限規定があるくらいです。

(2) 出産の個人的意義と社会的意義

　ところで、人の誕生ということを考えた場合に、出産の問題というのは、個人の問題だという考えが一方に当然あるわけです。しかし、個人だけの問題か、という点も考えざるをえません。つまり、出産は、個人的意義と社会的意義を有する問題ではないか、そのあたりから話を進めていきたいと思います。

まず、個人的意義については、よく言われる、「産むか産まない
かは女性が決める」という自己決定権が大事であることは、もちろ
ん否定はしませんけれども、それがどういう脈絡で使われるか、が
重要です。これは、両刃の刃で、見方によっては人を突き放す論理
にもなります。「あなたが望んだのだから、この処置をしたのです。
だから、問題が起きたらあなた自身が自分で責任をとりなさい」、
という具合です。特に生殖医療の領域では、それが頻繁に出てきま
す。代理出産や卵子提供でもそうです。したがいまして、「自己決
定権が万能である」と喜んでばかりはいられないわけです。
　「自分のことは自分で決める。要らぬおせっかいをしてくれるな」
ということがよく言われます。これは、終末期医療の問題でも言わ
れます。終末期医療の問題は、日本では割合真剣に議論をしますが、
同じ命の問題なのに、欧米諸国に比べて命の誕生の問題については
なぜか避けたがる傾向があります。これは、宗教観の違いだけなの
か、そこら辺は難しいですけれども、この問題を、一方では、個人
的意義の問題として考える必要があるということを思いながらも、
他方では、社会的意義というのも重要ではないか、と考えてきたわ
けです。
　個人的意義は、最近は、単なるリプロダクティブ・ヘルス／ライ
ツという表現に変わってきています。これが出てきた背景ないし宣
言の背景は、1994年のカイロでのいわゆる「人口と開発に関する国
際会議」に遡ります。これについては、いろいろなところで言われ
てきておりますけれども、ただ単に自己決定の重要性を言っている
わけではなくて、いつ、いかなる条件のときに何人まで女性が子ど
もを産み育てるか、という出産環境について言っているわけです。
単純に生物学的に産むか産まないか、という問題ではなくて、女性
に出産環境を整えてあげないとだめだ、ということを言っているの

◆5◆ 人工妊娠中絶と生殖医療——医事法・生命倫理の観点から

です。

　人によっては、家族形成権ということを強調する人もいます。これも、もちろん大事ですが、家族の形態が多様ですから、こればかりを強調するのは難しい、と思います。むしろ、社会的意義というものを見直す必要があるのではないか、と思います。これも、しかし、問題があります。どうしてかというと、古くは家制度というものが日本の柱でした。少なくとも明治憲法下、旧民法下では、そうでした。そのなかで、社会的意義というものが人口政策に使われたりすることもありました。例えば、軍事優先の時代であれば、軍人を増やすように「産めよ、増やせよ」という政策がとられました。そこまでいくと、いくら何でもよろしくないだろう、と思うわけです。

　そこで、社会的意義とは何か、ということをもう1回見直す必要があります。国家の政策との関係は、もちろん、まったくないわけではないけれども、むしろ、社会において命を育むというのはどういうことか、という問題です。これは、今ちょうど少子化の問題が浮上していますので、考える良いチャンスだ、と思っています。

⑶　優 生 思 想

　それから、思想的な問題としては、いわゆる優生思想の問題があります。優生思想は、あとでも出ますが、歴史的に濫用されたという経緯があります。この経験があるものですから、できたらこの問題には触りたくないという傾向があります。しかし、これは避けて通れない問題です。

　優生思想の中にも、厳密には積極的優生思想と消極的優生思想というものがあります。積極的優生思想は、良い遺伝形質を積極的に増やそうという政策を目指す思想です。これに対して、消極的優生思想は、悪い遺伝形質を抑えようという政策を目指す思想です。こ

のような考えは、かつて使われて濫用された経緯がありますが、何らかの形で今でもふとした契機で出てくるわけです。このような濫用は、何とか法的にも防止しなければならないだろう、と思います。ただ、現在は、そういう積極的優生学とか消極的優生学、あるいはこうした優生思想といったものを正面に出すのではなくて、女性の「自己決定」という方向にこの問題がシフトされていっています。

「自分のことは自分で決めましょう」というのが、実は新たな優生思想と言われている「内なる優生思想」というものを生み出してきたということは、何人かの方がすでに指摘されているところであります。「自分のことは自分で決める」という表層的な自己決定では、責任は本人に転嫁されますから、気が付いたら、「私もあなたも、みんな、こんな子どもは望んでいないよね」なんていうことを言われると、逆に「産んだらまずいんじゃないか」と考え、こんな偏見にとらわれてしまうという、ややこしい時代になってきているわけです。遺伝子検査も、今はかなり簡潔になされるようになってきましたから、いよいよこの技術の普及というのは、いろいろな弊害をもたらすこともあるわけです。それらをうまく適正にルール化していくことが大事ではないか、というのが、今日の話の1つの柱です。

● 2 堕胎罪・人工妊娠中絶問題の変遷

(1) 堕胎罪の歴史

つぎに、簡潔に堕胎の話を整理してみます。もともと日本は、堕胎については消極的な国でした。この問題が起きるようになったのは、調べたところでは、江戸時代以降です。それ以前は、もともと無事に産むということ自体が大変な時代でもあったということもあります。

◆5◆ 人工妊娠中絶と生殖医療──医事法・生命倫理の観点から

　江戸時代になると、特に元禄以降、社会的な平穏がある程度保たれるようになってきますと、状況が変わってきます。身分制が強い時代では、貧困の差、特に貧しい農村等では子どもが生まれすぎては困る、という事情がありました。しかし、そういう場合でも、堕胎というのは技術的に大変ですから、せいぜいやるとしたら間引きです。また、母親が冷たい川に体を沈めて胎児を死なせるということもあったようです。他方、裕福な町民層になりますと、性風俗の頹廃ということもあって、今で言えば不倫がばれないように、ヤミ堕胎師にお金を払ってでも堕胎をするようになりました。武家では、不義密通、特に女性の場合は不義密通がばれると厳罰に処せられますから、ばれないようにやはり堕胎をしたようです。江戸時代には、こういうことが暗にかなり多くやられています。

　さて、これが法律でどういう形で展開されたかというと、実は明治時代になってからです。それまで日本では、いわゆる堕胎罪というものが明確に認識されていたわけではありません。明治も初期のころは、堕胎罪の規定はなかったのです。これが入ってきたのは、明治13年、1880年の旧刑法典です。ボアソナードというフランスの学者を日本に招いて、日本の民法、刑法の骨格をつくったわけですが、フランス人ですから、当然キリスト教の影響がありました。これは、否定できないですね。それで、堕胎罪が登場したわけです。この中の330条から335条までが堕胎罪の規定で、現行刑法とだいたい同じような規定になっています。

　その後、この旧刑法典は改正案がいくつか出まして──これは時間の関係で詳細は割愛しますが──、現行刑法典が、明治40年、1897年に誕生したのです。日本の刑法典ほど変わってない刑法典というのは世界にまれである、と言われています。こんな現代的な国家でありながら、刑法典の大改正が長年ないというのは、日本くらいで

す。自慢してよいのかどうなのか、これは難しいですね。

　明治40年の現行刑法典は、212条の自己堕胎罪以下、同意堕胎罪、同致傷罪、業務上堕胎罪、同致傷罪、不同意堕胎罪、それから不同意堕胎致死傷、こういった罪が5カ条にわたって規定されております。ところが、あまりこの規定は使われてきませんでした。今も堕胎罪では、めったに処罰されないですね。

(2) 優生思想の展開過程——国民優生法から優生保護法へ

　堕胎が単に刑法だけの問題ではなくて、もっと広い社会的問題として理解されるようになったのは、大正時代です。「大正デモクラシー」とよく言われますけれども、「大正デモクラシー」は、ある意味では二律背反的なところがあります。ここに一例を挙げますと、大正5年、1916年に永井潜という人が『生物学と哲学との境』という本を書いています。これはまさに優生思想を日本で展開した初めての本だと言われています。要するに、一個一個の細胞が元気であれば人間の体が健康体になるのと同じように、国家も一人一人の人間が健康であれば国民全体が活力を有する、国家全体が活力を有するという発想です。このころから、いわゆる「社会有機体論的国家主義」が説かれるようになりました。

　ちょうどこれが、時代の流れと呼応します。日清戦争と日露戦争を経て日本が少し近代国家として自信を持ち始め、富国強兵や殖産興業、いろいろな面をとってもいわゆる成長期です。問題意識のないまま、「社会有機体論的国家主義」が受け入れられやすい素地があって、優生運動というものが大正末に始まったわけです。日本民族衛生学会というものが、1930年、昭和5年にできています。

　このころになると、実はヨーロッパの方でも動きがあるわけです。一番大きな動きは、1933年のナチス政権誕生です。優生思想は、別にヒトラーが生み出したわけではありません。これは、もっと前の

137

◆5◆ 人工妊娠中絶と生殖医療──医事法・生命倫理の観点から

ダーウィンの『種の起源』あたりから、北欧とかイギリスでいろいろな形で優生学がつくられていくわけです。当初ドイツは、ヨーロッパでは後追いだったわけです。ところが、ヒトラーが政権をとると、これを濫用しました。

1933年に遺伝病子孫の出生阻止に関わる法律、いわゆる断種法という法律をつくりました。これは、強制断種を認める法律であります。その目的は何かというと、ゲルマン民族の優秀さをいかに残すか、ということです。その対極にあるのが、ユダヤ人だったわけです。相当なユダヤ人が被害に遭っています。強制不妊手術の対象者は、最初は精神疾患を持っている人もしくは遺伝性疾患を有する人でしたが、これをだんだん拡大していくわけです。しかも、これを実は裁判所が認定して許容していたのです。遺伝性疾患云々というところからだんだんと社会的に適応できない人々にまで対象を広げていくことになります。その基準は、社会に役立つかどうかでありまして、端的に言うと、ヒトラーの目指す社会に貢献できない人は要らない、という政策であります。最終的には、ユダヤ人というだけで強制不妊手術された、ということもあったようです。そういう苦い歴史があるわけです。

そういう動きが日本にも影響を及ぼしました。当時議論が分かれておりまして、刑法学で言えば、いわば新派に当たる木村亀二先生は、犯罪の予防ということを強調されるわけですけれども、こととこの問題に関してはリベラルで、強制不妊手術には反対し、任意でやるべきだ、という考えでした。これに対して、当時東京帝国大学におられた小野清一郎先生は、ナチスと同じように強制不妊手術をすべきである、という考えを展開されました。さらに、強制不妊手術に全面的に反対する第三の考えもありました。三つ巴の争いで、当時議論は白熱したようです。

そして昭和15年、1940年に国民優生法という法律ができました。
この法律は、実はナチスとは違って任意の断種法でありました。な
ぜ強制にならなかったかというところが、調べてみると面白いです
ね。家制度と天皇制というものがクッションになったという説があ
ります。「みんな等しく天皇の子であり、障害を持っているとかそ
んなことは関係ない、みんなで面倒をみよう」という考えが当時機
能した、と言われております。そうは言うものの、戦争がだんだん
激しくなりますと、「産めよ、増やせよ」という政策に使われたこ
とは、ご承知のことかと思います。

　それでは、戦後はどうなったかというと、日本国憲法が昭和21年、
1946年に制定されまして、国民主権とか、基本的人権の尊重とか、
男女平等とか、その他いわゆる基本的人権の尊重がこの中に盛り込
まれたわけですけれども、疑問なのは、その中でこの優生保護法が
誕生したということです。家制度は解体されたはずでした。個人の
自由とか男女平等が優先されるはずでしたけれども、実態はそうで
はなかったのです。

　昭和23年、1948年に優生保護法がどうしてできたかというと、戦
後の人口爆発という事態にいかに対処するか、という事情がありま
した。とにかく戦争の反動で過剰な出産が続き、何とかこれを抑え
ないと、とんでもないことになるという社会的事情がありました。
それでなくても、ヤミ堕胎師というのがこのころ横行しておりまし
たから、超党派で国会議員の谷口弥三郎を中心にこの法律をつくっ
た次第です。

　この優生保護法は、堕胎が許される許容要件を規定していますが、
第1条の目的規定からして、非常に優生思想色が強いものでした。
「不良な子孫の出生を防止するために」云々という文言が堂々と第
1条に書かれていました。それ以外の項目も、遺伝性疾患、精神疾

◆5◆ 人工妊娠中絶と生殖医療──医事法・生命倫理の観点から

患、その他疾患名がざっと挙げられています。らい疾患もそうです。そういう疾患があった場合には不妊手術をしてもよい、と書いていました。そういう法律がこの新憲法の中で誕生したこと、それにもかかわらず議論がほとんどなかったこと、これは、調べてみて異様な気がします。

それどころか、昭和24年には、中絶許容項目の中に、今の第14条ですけれども、「経済的理由」という項目が追加されました。さらに、チェックすべきはずの審査委員会も、当初は地区優生保護審査会と言われていましたけれども、その後は、認定された医師が個人で認定するようになりました。その結果、中絶件数が飛躍的に増加しました。一番多かったのは、昭和30年代、1950年代半ばから1960年代です。一番多いときで公式な数値で残っているのが300万件くらいです。もちろん、その後、変動がありますが、それでも、今日に至るまで年間30万件の中絶件数があります。ただし、これは表に出ている数字です。暗数を含めると、実数はもっと多いだろう、と言われています。これだけの数が、合法的な妊娠中絶という名目で実践されている国は、先進国ではそうないわけです。しかも、驚くべきことに、戦後に、強制不妊手術がかなり行われた（1万6,500件ほど）という報告もあります。

(3) **優生保護法から母体保護法への改正**

この法律は、平成8年、1996年に優生保護法から母体保護法へと変わりましたけれども、当時も議論は結局ないままでした。むしろ、らい予防法廃止とセットとなって、この母体保護法改正が突然国会に出されて決まったということです。どこが一番変わったかというと、表向き表現上は「不良な子孫の出生を防止する」といった優生思想をうかがわせる表現を削除した点です。それはよかったのですけれども、完全になくなったかというと、そうではなくて、ほかの

140

ところはそのままですから、全体としてはまだまだ不十分な内容が
あります。これについては、あとからまたお話します。

● 3 堕胎(妊娠中絶)問題の理論的問題

(1) 妊娠中絶の許容モデル

さて、堕胎・妊娠中絶の問題を理論的に考えてみましょう。刑法
との関係で言えば、保護法益、つまり法的に何を守るか、ですが、
当然、胎児の生命、それから母体の健康であり、これには異論がな
いでしょう。しかし、それを前提としても、どういう場合に妊娠中
絶が許されるか。ここに焦点を当てて考えますと、世界的にはいろ
いろなモデルがあります。中絶許容モデルの1つは適応事由モデル
で、これも厳密には4つに分かれます。

1番目は、医学的適応モデルと言われております。つまり、母体
の生命および健康に支障をきたす場合、これを第一義的に配慮して
中絶を認める考えです。これは理解できます。多くの国で、これは
認められています。

2番目は、倫理的適応モデルです。例えば、強姦とか意思に反し
て妊娠させられた望まれない妊娠の場合に中絶を認めるモデルです。
これも認めている国が多いですけれども、宗教によっては、それで
も認められないというところもあります。

3番目は、胎児適応モデルです。胎児に障害があることを理由に
中絶を認めるという考えです。これを正面から認めている国はあま
りないです。先進国ではイギリスくらいです。日本では、胎児適応
については、法規定に盛り込んではならない、という考えがかなり
強いです。ただし、表には出ていませんけれども、背景としては同
じ事情で名目的に、日本では特に、すぐあとで述べる経済的理由が
あるものですから、そちらに入れかえて実質的に胎児適応をしてい

141

◆5◆ 人工妊娠中絶と生殖医療——医事法・生命倫理の観点から

る、という現実があります。

　4番目は、社会的適応モデルです。これは、日本にしかないと言われている経済的理由を含みます。母体保護法14条1項の条文をよく読んでみると、母体の健康と並んで同じ項目にこの経済的理由があるわけです。刑法では、違法性阻却事由というものがありますが、母体保護法は、刑法35条における「法令による行為」という違法性阻却事由となります。しかし、その法令があるから、というだけで自動的に違法性阻却がなされるのか、という理論的課題があります。母体の健康と経済的理由は同じレベルで考えてよいのか、厳密に考えると、実は問題があるわけです。経済的理由の射程範囲も、実は大きな問題があります。これは、さきほど述べたとおり、立法経緯からして、昭和23年の経済的困窮の中でできた当時だと理解できます。ところが、今でも経済格差とかいろいろありますから、使える場合もありますけれども、今は、それを一般化するほど強いものかということを考えますと、この条文の構造というのは今でもなお課題が残っている、と思います。あとで述べますとおり、経済的な支援をすれば、この規定は必要ないのではないか、ということにもなるはずです。

　それから、もう1つの大きなモデルは、期限モデルです。これは、アメリカ合衆国で使われているモデルです。これは、1973年の連邦最高裁判所の Roe v. Wade 事件判決でとられた論理です。妊娠丸9カ月を前期3カ月、中期3カ月、後期3カ月に分けて、妊娠初期3カ月の間は女性が産むか産まないかを自由に決める、中期3カ月の間は条件付きで妊娠中絶を認める、後期3カ月の間は基本的に妊娠中絶を認めない、という論理です。理由のいかんを問わず期限で区切るというのは、いかにもアメリカらしいですね。

　アメリカは、ご承知のとおり、もうすぐ大統領選挙がありますが、

その選挙のときに争点になるのが、妊娠中絶の問題です。共和党は
伝統的にプロライフ（pro life）、民主党はプロチョイス（pro choice）
ということで、裁判官の構成によっては中絶問題の判決は結論が異
なる、と言われています。ただし、政権が変わっても、ぎりぎりで
何とかこの Roe v. Wade 事件の路線は維持されています。その後、
1987年の Webster 事件とか、1992年の Casey 事件とかで争われま
したが、やはり枠組みは現在まで維持されています。

　ドイツはどうかというと、これも興味深い動きをしています。1975
年に刑法改正がありました。そのときに、アメリカと同じように、
妊娠12週未満の堕胎は無条件で不可罰にするという規定が盛り込ま
れました。ところが、ドイツには連邦憲法裁判所というのがありま
して、日本みたいに具体的事件がなければ裁判を起こせないという
わけではなく、ある法律ができたらそれについて直接的に憲法違反
を問えます。連邦憲法裁判所で出された1975年判決は、それを憲法
違反としました。理由はというと、ドイツの憲法は生命の平等性を
謳っていますので、胎児であれ、生きて生まれた人であれ、命は同
じであり、それを12週という線で自動的に期限を区切って別扱いす
るというのは憲法違反だ、というものです。ドイツ人らしいですね。

　それから、1993年にもう１度連邦憲法裁判所で違憲性が争われま
した。ご承知のとおり、東西ドイツが西ドイツに吸収されるという
形で統一されました。今のほとんどの法体制は、旧西ドイツの体制
です。ただし、旧東ドイツが抵抗した唯一の規定が刑法218条をめ
ぐる堕胎罪で、旧東ドイツでは12週未満の堕胎は自由である、とい
う規定があったのです。これは、女性の労働力の確保ということも
あったようです。そこで、この規定だけは残してくれるよう訴えた
結果、西ドイツも了承しまして、統一刑法典の中でこれが盛り込ま
れたわけです。ところが、その規定をめぐって再び憲法訴訟になり

◆ 5 ◆ 人工妊娠中絶と生殖医療——医事法・生命倫理の観点から

まして、また憲法違反とされました。それで、現行刑法典は、条件を付けまして、必ず医師の相談を受け、医学的なチェックを受けたうえで、中絶がやむをえない場合にはこれは処罰しない、という規定になっております。

(2) 妊婦・家族への支援

しかし、それだけではないのです。ドイツが工夫したのは、むしろその先です。妊婦と家族援助法という法律をつくったわけです。これは1995年です。つまり、困窮状態で生まれた場合、育てるのが大変ですので、女性が安心して産み育てるために、そういう家族に財政支援をするという法律をつくったわけです。これは良い法律ですね。ドイツにはしばしば行きますけれども、見ていると、子どもを乳母車に乗せている女性とか妊婦の人が生き生きしている印象を受けます。もちろん、日本の女性が生き生きしてないというわけではないですよ(笑)。ドイツでは、周りの援助があるな、という雰囲気が漂っているという気がしましたね。結論としては、日本でもこのような法律をつくらないとだめではないか、と考えています。少子化云々でせせこましい「ばらまき政策」をいくらやってもだめで、こういう根本的対策にこそ財政をつぎ込むべきではないか、と私は思います。そうすれば、中絶しなくてもよい命が相当助かる、と考えます。

フランスやオランダも、それぞれの工夫が見られます。オランダには4回ほど調査に行っておりますけれども、オランダでは年間中絶件数が約2万件で、日本の約15分の1です。他方で、オランダは安楽死が盛んです。これには、オランダ特有の背景があります。親しいオランダ人の学者に言わせると、「日本人は『オランダは安楽死を法律で認めてけしからん』と言うけれど、日本の中絶件数と比べてどちらが命を大切にしているんだ」と、こんな皮肉を言われま

144

して、説明に窮することがあります。宗教の違いという背景もありましょうが、宗教を超えた何かがあるのかもしれません。あとは、衝動的な中絶の決定をしないようにカウンセリングを十分やるとか、待機期間を十分確保する工夫もしています。中絶をする医師の資格も、初期の段階の妊娠中絶と後期妊娠中絶では、医師の資格が違います。このように、オランダでも、工夫があれこれ見られます。

　それらを比較してみると、何が良いかという判断は、非常に難しいです。人によっては、日本のモデルの良いところもある、と言う学者もおります。しかし、女性の出産環境の支援という観点からいくと、やはりまだ不十分である、と私は思います。

　インフォームド・コンセントにしても、遺伝子検査に始まり、出生前診断とかいろいろな技術があるわけで、機械的に説明して「イエスかノーか」という結論を迫るだけの問題ではないわけです。女性の場合には、妊娠してから逆戻りできないという事情がありますので、本当なら、それ以前の段階からいろいろとカウンセリングはあった方がよい、と思います。ところが、日本では、それも弱いですね。ましてや遺伝子検査というのは、特にこの点が重要です。

　それから、連絡体制、例えば、自宅で出産したいという在宅出産の希望者が増えていますけれども、助産師がこの業務をやれますが、何かあったときに医師にどうやって連絡するかという体制とかネットワーク、これらもまだ弱いような気がします。課題はあれこれ出てくるわけであります。

　絶滅は不可能なことですけれども、中絶件数は、出産の援助をすれば、特に経済支援その他の人的支援をすれば、一定程度は減ると思います。刑罰でいくら強制しても中絶件数は減らないでしょう。堕胎罪で刑法が適用された例は、非常にまれです。もちろん、堕胎罪規定が不要というわけではないですけれども、刑法では限界があ

◆ 5 ◆ 人工妊娠中絶と生殖医療——医事法・生命倫理の観点から

るということです。

● 4 生殖医療

さて、以上のような妊娠中絶ないし堕胎の問題を頭に入れて、生殖医療の問題を考えていかなければならない、と思います。初期胚の保護の問題とか家族の問題、倫理の問題、いろいろな問題がここにまた出てきます。

(1) 人工授精

生殖医療技術は、すごい勢いで進歩しています。もともと不妊克服というのは、19世紀半ばくらいから動物で始まり、人への応用は19世紀末から始まりました。最初は男性不妊（造精機能障害、精子死滅症等）の克服でした。男性不妊の克服のためにどうするか。夫の生殖能力が弱い場合の夫婦間人工授精 AIH に始まり、さらに夫の生殖能力がない場合は第三者から精子をもらう AID というふうに進んできたわけです。

ところが、これについて、日本では明確なルールがあったわけではないのです。ご承知のとおり、慶應義塾大学病院の飯塚理八先生の研究室で長年 AID をやってきました。飯塚先生はもう亡くなられましたけれども、私も、シンポジウムでご一緒したことがありますが、慶應義塾大学医学部の学生が提供者になっていたということは、公言されています。ただし、産んだ女性にはその提供者の名前を伝えておりませんでした。匿名でした。

その後、日本産科婦人科学会で、1997年に、AID についてのルールが決まりました。実は私は、そのときに日本産科婦人科学会の倫理委員会に呼ばれて意見を述べました。私は、もう少し厳格に回数制限をすべきだ、と主張しましたけれども、日本では都道府県で医師会が分かれていますからチェックが難しい、ということで、結局、

146

提供年数を限定することになりました。たしかに、今日は東京、明日は沖縄、明後日は北海道と飛び歩いて提供している人が出てきた場合にチェックのしようがないということになりそうです。しかし、私は、今でもやはり記録を残すべきであり、残したうえで匿名化するという方法がよいだろう、と思っています。その子が16歳くらいになったときに、自分の「出自を知る権利」を行使して、記録が残っていれば遺伝学的にこの人が自分の父親だというのが分かるということは保障すべきではないか、と私は考えています。

(2) 体 外 受 精

1978年にイギリスでルイーズ・ブラウンという赤ちゃんが生まれて、体外受精が始まりました。当時は「試験管ベビー」と言われていました。ちょうど私が研究を始めたころで、この技術を何も知らない人は、「試験管のグラスの中に赤ちゃんが誕生してどうやってグラスから出すんだろう」という程度の話でした。しかし、今やこの技術を用いて何十万人という出生数になり、世界に普及してきたわけです。その後は、夫婦間を越えて、代理出産が始まりました。誰かが代わって赤ちゃんを産んであげる、というわけです。

体外受精にせよ、代理出産というのは女性不妊の克服にウエートが置かれるわけです。ある意味で、この技術は恩恵をもたらしました。社会的プレッシャー、家庭内でのプレッシャー、今でも女性にはプレッシャーがあるわけですけれども、不妊症の女性が子どもをもつ道が開けたということで喜ばれた面もありました。しかし、ご承知のとおり、その成功率は今でも低いわけで、1割5分から2割いくかいかないか、です。その療法に向けて、日常のホルモン療法とか、涙ぐましい努力があってもそのくらいの割合という事実は、意外と知られていないようです。不妊治療を始めたのはよいけれども、それに伴う精神的な負担は相当なものがある、と言われており

147

◆ 5 ◆ 人工妊娠中絶と生殖医療——医事法・生命倫理の観点から

ます。そのあたりの実状を知らないまま不妊治療に取り組む女性も
いるわけです。「こんな技術があるからやってみなさいよ」と周り
から言われてやっている人も多いようです。「やればうまくいく」
と、バラ色のように言われてやってはみたが、そうではない結果に
なることも多いわけです。

　さきほどの妊娠中絶の問題もそうですが、生殖の問題というのは、
「女性の尊厳」を根底に据えないと、全体が見えてこない問題だ、
と思います。出産を道具化するということになりますと、「女性の
尊厳」、ひいては「人間の尊厳」と抵触する場合があります。その
線引きをどこで考えるか、こういう問題になってくるだろう、と思
います。

(3) 胚を用いた研究

　もちろん、生殖医療技術というのは、研究も必要です。研究だと
無条件にやれそうですけれども、研究にもやはり一定の限界があり
ます。この限界というのは、例えば、胚を用いた研究です。不妊の
原因がさらにつかめるかもしれないし、あるいはそれ以外の治療に
応用できるかもしれないし、最近行われ始めている再生医療という
問題の応用にきくかもしれません。ですから、研究となりますと、
ある程度その趣旨を尊重しなければいけませんけれども、無制限で
はないわけです。その線引きをどこでやるか、これもまた大きな問
題です。

　そこで、いろいろな国の規制の動向を簡潔に整理しておきたいと
思います。イギリスでは、ご承知のとおり、1990年にできた「ヒト
の受精および胚研究に関する法律」(HFEA 1990［その後2008年に改
正］) があります。ドイツでは胚保護法 (Embryonenshutzgesetz
1990) があります。オーストラリアやフランスにも相応の法律があ
ります。フランスは、生命倫理法という法律をつくり、大改正をや

りました。このように、1990年代に先進国のいくつかで法整備がなされました。それぞれの国で、どこまでこういう生殖医療技術を使ってよいか、という基本的な枠組みを法律でつくりました。

⑷ 代 理 出 産

他方、アメリカは、州によって違いますけれども、基本的に訴訟に任せるということです。例えば、代理出産ですと、ベビー M 事件があったのはご承知ですよね。代理出産も、基本的にはホストマザーとサロゲートマザーという 2 種類があります。体外受精卵をつくってそれを第三者に産んでもらうというホストマザーのスタイルと、卵子までもらって受精卵をつくり、それを提供者または第三者に産んでもらうというサロゲートマザーのスタイルです。ベビーM 事件は、サロゲートマザーのケースでした。本件では、産んだあと、「自分たち夫婦に赤ちゃんを返してください」という契約書までつくったわけですが、いざ産んだところ、その女性は、「その子が見たいので 1 週間貸してください」、と言って、1 週間借りていたら情がわいて、「私が産んだのだから私が母親だ、返したくない」、と主張し、裁判になりました。依頼者の方は、「契約書があるでしょう。だから私が母親です」、と主張しました。さすがにこういう契約書は無効だとして、1988年、ニュージャージー州最高裁判所は、契約書の有効性は認めませんでした。裁判所は、「母親は産んだ人だ」ということを認めたのですが、「育てる母親は別だ」と、両方に軍配を上げて、何とかバランスをとったわけです。そんな珍奇な現象が生まれてきたわけです。

そこで、法整備が進んだ国では、少なくとも体外受精の場合、誰が母親かということを法律できちんと規定している国があります。知っているかぎりでは、産んだ人、分娩した人が母親だとしている国がスウェーデンをはじめ多いです。特にこの点を規定していない

◆5◆ 人工妊娠中絶と生殖医療——医事法・生命倫理の観点から

国もあります。日本では、この問題について法規定はありません。そのため、あとから述べるように、裁判が起きるわけです。

(5) **出生前診断**

それ以外にも、具体的問題が次々と起きてきました。例えば、出生前診断が普及してきています。これも、技術的に、古い時代は羊水穿刺でしたが、絨毛検査に移り、やがて超音波診断、そしていわゆるトリプルマーカーテストが登場しました。トリプルマーカーテストは、確率論で正確でないと言われて今ではあまり行われていません。今はむしろ遺伝子診断、しかも、これは単なる遺伝子診断ではなくて、超音波診断とセットになっています。

最新の技術を見たことがありますけれども、すごいです。画像診断ですけれども、性別だけではなく、相当詳細な内容が分かります。遺伝性疾患があった場合でも、これが画像に映って、疾患名も分かるようになっています。もちろん、100％正確だとは言えないですけれども、驚くべき診断技術と言えましょう。これが目の前にありますと、女性は、赤ちゃんの性別はどちらかということを知りたいでしょうし、それ以外に、さきほど言いましたとおり、本当に疾患がないだろうか、と不安になり、それを知りたがるでしょう。そうでなくても精神的には不安がありますから。今の話は、胎児になってからのことですけれども、そのもっと前の段階で、着床前診断の問題もあります。もっと早く、「何でも早く分かるように」と駆り立てられます。早く分かりすぎることが本当に幸せか、これは判断が難しいですね。

分かりすぎる情報、特に遺伝情報となりますと、さきほど言いました優生問題などが出てくるわけです。「こんな遺伝性疾患があるんだったら早い段階で中絶しよう」という人も出てくるでしょう。ところが、日本では、正面から胎児障害を理由とした妊娠中絶を認

めていませんから、結局、「産んだら育てるのが大変だ」という意味での「経済的な理由」に置き換えて妊娠中絶を行っているわけです。

　しかし、その遺伝の中身をどこで勉強しているかというと、意外と勉強していないのが現実です。私は、法学部やロースクールでも医事法を教えていますが、学生に聞いてみると、遺伝の勉強は、せいぜい一般的には高校時代に学んだメンデルの法則くらいです（笑）。本当に今まで遺伝の問題をどこで学んでいるのか、心配です。司法研修所ではどうですか、やっていますかね……（「教えてない」の声あり）。アメリカのロースクールでは、遺伝の勉強は必修です。アメリカでは民族差別、人種差別の問題があるものですから、ロースクールでは遺伝の問題を学んでいなければ法律家としてはだめだ、ということになります。日本では、法律家でさえ学ぶ場がないのが現状です。本当に遺憾ですね。

　遺伝性疾患だって山ほどあるわけでしょう。単一遺伝子疾患、つまりハンチントン病とか今のところ治療法がない、と言われている疾患、さらに多因子によって発症する疾患等もたくさんあります。多因子疾患は、食生活とかその他いろいろなものと複合して、──もちろん発症リスクは平均的なものはありますけれども──抑えることもできるわけです。ダウン症の赤ちゃんについても、相当誤解があるわけです。ダウン症患者を専門に担当している先生を知っていますけれども、正確な情報を教えられると、多くの妊産婦の人は「産んでよかった」と言う、とのことです。ところが、正確な情報を知らないと、「とんでもない出産をした」と自分も罪の意識を持ち、子どもに対してもそういう意識を持つ、ということです。どこかで情報提供をしっかりしておけば悲劇は起こらない、ということが言われているわけです。今後は遺伝子検査がもっともっと普及す

るはずです。そうであるがゆえに、その情報提供を、むしろ教育体制の中に取り込まなければだめだ、と私は思っています。

(6) 人 工 授 精

それから、人工授精のルールについて述べたいと思います。AIDについてはさきほど少し述べましたけれども、日本産科婦人科学会は、条件付きでルールの中で認めております。しかし、AIH にしても、死後の人工授精を予定していませんでした。ドイツでは、死後の人工授精、つまり、夫の死後にその精子を使うと胚保護法違反で犯罪となります。ドイツらしいですね。

日本では、そんな規定はありません。しかし、ある事件で裁判になりました。これは愛媛県で起きました。夫が病死して、その遺言の中で、「自分が死んだあと、残した凍結精子で妊娠し、出産してくれ、子どもを残してくれ」と書いていました。妻は、これを実践したわけです。これは、嫡出性を求めた民事事件ですから、結局、この子が嫡出子かどうか、つまり実際に父親の子どもかどうか、が争われたわけです。裁判所も揺れ動きました。第1審の松山地裁は、自然的な受精・懐胎とかけ離れているという理由で、死後の人工授精により誕生した子の嫡出性は認められない、と判示しました（松山地判平成15年11月12日判例時報1840号85頁）。第2審の高松高裁は、逆転して、自然血縁的な親子関係が存在し、事実上の父による当該懐胎について同意があったという理由で、請求を認めました（高松高判平成16年7月16日判例時報1868号69頁）。ところが、最高裁判所は、「父は懐胎前に死亡しているため、親権に関しては父が死後懐胎子の親権者になり得る余地はなく」、「死後懐胎子と死亡した父との関係は、法制が定める法律上の親子関係における基本的な法律関係が生ずる余地のないものである」、と述べて請求を棄却しました。要するに、通常の夫婦、つまり生存している夫婦というものを想定し

てでき上がったのが民法だという建前論が正面に据えられました。
これは、現行法ではやむをえない判断かもしれません。もっとも、
裁判官の中には、速やかな法整備の必要性を説く意見を述べた人も
いました。

　そこで、仮に例外を設けるとすればどういう場合か、という点を
考えると、海外では、例えば、軍隊に入っていて戦場に赴くといっ
た場合には例外としている国もあるようです。また、不治の病に罹
患したような場合、きわめて例外的に認める国もあるようです。で
すから、日本でも何かそういう例外規定を設ける余地はあるかもし
れません。これについては一時期法制審議会で検討したようですけ
れども、いろいろと批判があったようで、頓挫しています。

(7) 卵子提供

　つぎに、卵子提供です。女性が卵子を提供することは、日本では
表立っては認められていませんが、長野県の根津八紘医師による実
例もあり、また、日本の女性がアメリカに行って提供するという例
が結構あるようです。アメリカの卵子バンクでは、卵子に値段が付
いています。アメリカの精子バンクでは、精子に値段が付いている
のはご存じと思います。普通の人の精子は何十ドルですが、ところ
がオリンピック選手だとか、ノーベル賞受賞者となりますと、100
万円以上とかいった相場があるようです。中には、インターネット
で自分の精子を PR して、購入を歓めることも多いようです。他方、
卵子は数が少ないですから、重宝がられます。精子に比べて値段が
高いです。アメリカに留学中の日本の女子学生がアルバイトかたが
た提供するという例は、しばしば報告されています。暗黙のうちに
ビジネス化というのが進んでいるわけです。

　しかし、誰が責任を持って実施しているかというと、この実態調
査はあまり正確になされていないようです。医療機関がやれば、あ

153

る程度責任を持ってやるでしょうけれども、そうでない業者、ブローカーが介在した場合、どのような条件で精子や卵子を保存して本当に間違いなく提供しているか、定かではありません。アメリカでも、提供ミスがあるようです。「こんな子どもが欲しかったのに、実は産んでみたら肌の色が違っていた」という例もあったようです。特にアメリカですから、人種問題があります。髪の色や肌の色が違うと、裁判で損害賠償を請求するようですが、その子にとっては迷惑な話ですね。チェックが効かないと、そういう問題が起きるということであります。

シングルマザーが精子バンクを利用するというケースも増えています。あるいは結婚はしても、「どうせ1人産むなら夫の子は産みたくない、もっと優秀な子を産みたい」という願望で利用されているケースもあるようです。こういう複雑な状況では、家族関係も歪んでしまうということも知っていただきたいと思います。すべてがバラ色ではないのです。

(8) 代 理 出 産

代理出産の問題では、向井亜紀さんのケースを皆さんご承知のことと思います。これは、自分たち夫婦の遺伝子を持った受精卵を用いてアメリカ・ネバダ州の女性に子どもを産んでもらったという事例です。向井さんは卵巣がん等々で自ら産めないという事情があったのですけれども、生まれた子を日本の品川区役所に自分たちの子どもとして届けようとしました。ところが、区役所から受理を拒否されました。そこで、この夫婦がその決定を不服として東京高裁で争ったところ、東京高裁は、人為的な操作による懐胎または出生のすべてがわが国の法秩序に受け入れられないとする理由はないとして、逆転でこの夫婦の主張を認める決定を下しました（東京高決平成18年9月29日民集61巻2号671頁）。ところが、品川区役所が最高裁

まで争ったところ、最高裁は、高裁の決定を破棄し、外国裁判所の裁判がわが国でも有効となるのは、わが国の法秩序の基本原則（特に公序良俗）ないし基本理念と抵触しない場合であるとして、親子関係は身分関係の中でも最も基本的なものであり、子の福祉にも重大な影響を及ぼすため、明確でなければならず、民法が実親子関係を認めていない者の間には、その成立は認められない、という決定を下しました（最決平成19年3月23日民集61巻2号619頁）。

　この最高裁決定の直前に、日本テレビの「デイリープラネット〜金曜発言中〜」という番組の特集「認める？　認めない？　代理出産〜必要な法整備とは〜」（2007年2月16日）に生放送で出たことがあります。私のほか、根津八紘医師（諏訪マタニティークリニック院長）――根津八紘医師は、卵子提供も代理出産も、さらに多胎減数術も日本で初めて実施した人です――、哲学者の加藤尚武博士（京都大学名誉教授、鳥取環境大学名誉学長）、そして日本赤十字医療センター病院の杉本充弘医師（当時産科部長）の4人で代理出産をめぐり、生討論を1時間にわたりコマーシャル抜きでやりました。日本テレビのCS放送でしたから、あまり皆さん見てないと思いますけれども、面白かったです。のどがかわきましたけれども、とにかく本音で議論しました。その中でも向井さんのケースを取り上げました。ちょうど最高裁の決定が出る直前でした。ネバダ州では、実は日本円で代理出産の報酬が約400万円くらいかかります。したがいまして、日本で言えば、お金を払って産んでもらうということになるわけですけれども、それが日本法に照らして妥当か、が問題となりました。ただし、厳密には日本では禁止規定もないですから、いかなる根拠で区役所が実子届を受理できないか、ということも問題となりました。最高裁は、「公序良俗」を持ち出しましたけれども、これもやや大ざっぱな議論で、産んだ人が母親だというのが日

◆ 5 ◆ 人工妊娠中絶と生殖医療——医事法・生命倫理の観点から

本法の一般的な理解であるという前提です。ただ、最高裁の判例が出ましたから、当分この線で動くでしょう。

本来ならば、子どもにとっては、少なくとも「誰が母親か」ということは決めてあげないといけない、と私は思います。父親は、もともとやや不確定な部分もあります。現行民法が嫡出子推定規定を置いているのも、それを示しています。ですから、親子関係不存在の訴えを当の父親が起こして、「こんな時期に生まれるはずがない」ということを立証すれば、嫡出性は否定できます。しかし、母親は間違いなく分娩していますから、その事実から母親であることが分かるわけです。ところが、この代理出産で、その前提がややこしくなってきています。特に根津八紘医師が扱ったケースでは、ご承知のとおり、自分の娘が産めないものだから60歳近い母親が代わりに産んであげたというものです。そうなると、子どもにとっては、「おばあさんが産みの母親」だということになります。しかし、現実には、目の前にいる人が「育ての母親」だということになります。ややこしいですね。姉妹であっても同じです。そういう事情をずっとその子が引きずっていくというのは、いったい子どもにどういう心理的な影響を及ぼすでしょうか。根津先生にそこを聞きました。「根津先生はいろいろなことを率先して実施してこられましたが、ちゃんとフォローされるんでしょうか。その子が20歳くらいになって、きちんと成長したら責任を持ってチェックしてください」、と。そうしたら、「うーん、それは先が長い話ですからね」と根津先生は言っていました。けれども、例えば、オーストラリアでは、今そのフォローが始まっています。

どうしてこういうことを言ったかというと、こうした技術で誕生した人が17〜18歳になってアイデンティティーを持てない人が結構いて、自分の親が誰か分からないということは本人に非常に精神的

な不安定さをもたらすことが報告されているからです。人工授精の場合もそうです。誰が提供したかという記録をどこかにきちんと保管しておいて、本人が本当に望んだ場合には「出自を知る権利」を認める方がよい、と考えます。ただし、無条件に認めるというわけではないのです。そうすると、裁判所が関わらざるをえません。例えば、家庭裁判所に届け出て、厳しい条件を付けて、本人が、「自分のアイデンティティー、出自を知りたい」と言ったときには認めるという方式が妥当ではないか、と思いますが、今後この点について考えておく必要があります。

それから、母親については、分娩した人が母親となるのが一番分かりやすいので妥当でしょう。そうでないと、遺伝学上の母、産みの母、育ての母、3つが分解してしまうからです。こうした事態は、もっともっと子どもに不安定さをもたらすでありましょう。

(9) 生殖ツーリズム

あとは、生殖ツーリズムと言われている問題があります。アジアの国、日本もアジアの一員ではありますが、インドとか、その他タイといったような東南アジアでこの問題が出ています。これをどこまで規制できるか、この議論はもっとすべきでしょうね。

臓器移植についても同様の問題が出されました。基本的には自分の国で賄うようにということで、法律ではありませんけれども、国際移植学会イスタンブール宣言とかWHOの勧告案では、そういう方向になってきました。ところが、代理出産についてはそういう限定がないわけです。しかし、これはいずれ法律問題になると思います。国境を越える問題です。トランスナショナル（trans-national）の問題と言いますけれども、ある国で厳しくしても、規制が緩い国があればそっちに行って産んだらよいではないか、ということになります。それがどんどん広がっていきますと、おそらく家族法上の

◆ 5 ◆ 人工妊娠中絶と生殖医療——医事法・生命倫理の観点から

問題もしかり、何かあった場合、法律問題となります。つまり妊婦は、代理出産とはいえ、満9カ月は命を預かって産むわけですから、その間に何かあった場合の賠償や補償は誰がやるとか等、いろいろな問題が出てきます。何よりも「母親は誰か」という問題は、大きいですね。インドへ行って産んでもらった、タイに行って産んでもらったといった場合に、もし厳密に「産んだ人がその母親」という規定を設けた場合、その子は戸籍上外国で生まれたということになります。そういう問題をどうクリアするか、という課題が出てきます。これは、早急に詰めなければいけない問題だと思います。

(10) 生殖医療のルールづくり

それでは、生殖医療を規制する法律をどういうふうにつくるべきでしょうか。少なくとも親子関係だけだと民法で対処できます。ですから、民法で基本的な枠組みをつくって、それ以外の法律で統一的に生殖医療に関わる法律をつくるのがよいだろう、と思っています。私どもは、すでに1994年にプロジェクトチームをつくってこれを提唱しております。当時、インパクトはありましたけれども、最終的に国を動かすまでには至りませんでした。当時、厚生省の審議会、その後、厚生労働省の審議会で、私どもの見解などを参考に、「立法化せよ」という報告書が出ました。ところが、20年たちますけれども、立法化に向けて動いていないのが現実です。

産婦人科医の先生方も、医療職者だけではもはや限界だということが分かっています。「とにかく自分たちだけでは、どうにもならないので、法律をつくってくれ」と主張されてきましたけれども、国会議員レベルになると、「禁止まで、あるいは規制までするというのはいかがなものか」という意見も多く、賛否両論が分かれるものですら、なかなかまとまらないわけです。しかし、そうも言っていられない、と私は思いますね。それでは、その場合、どういうモ

デルがよいか、という点を最後にお話ししたいと思います。

一番厳格なのは、ドイツモデルです。たしかに、妊娠中絶関係は、さきほど述べましたとおり、ドイツのモデルが良いです。しかし、生殖医療の規制については、ドイツの胚保護法による規制は強すぎる、と思います。全体が特別刑法ですので、ドイツでは、実は厳しすぎて、国内でだめなら外国に行ってやればよいではないか、ということになったりして、ある種のジレンマがあります。

結論としては、やや柔軟なイギリスのモデルが良いだろう、と私は思っています。HFEAという認可庁をつくって、そこに全部チェックをさせて、条件が整った場合だけ認めるというルールです。提供した精子とか卵子とか、全部これらを認可庁が管理しています。誰に提供したかも全部分かります。なお、フランスの生命倫理法のように、民法や刑法を大改正するのは、日本ではできないだろう、と思っております。

⑾ 多胎減数術

最後に、多胎減数術の問題もあります。これについては簡潔に述べたいと思います。これは、さきほどの堕胎の問題の延長線、そして生殖医療の延長線上の問題です。なかなか子どもが生まれないから生殖医療に頼ったところ、生殖医療で受精卵を1個だけ母体に戻すというのは妊娠率が低いので複数の受精卵を戻すことになります。かつては5個戻すこともありました。5個だと、丸々妊娠した人は5つ子を産むことになるので大変です。そこで、人為的に胎児の数を減らすというわけです。今は、一応3個もしくは2個戻すことになっていますけれども、それでも1胎減らしたいという場合、本当に許されるのか、という問題が現実に存在します。生まれないから無理やり技術を使って妊娠したのに、今度は胎児が多いから減らす、そんな操作をやってよいのか、という皮肉な現象を生み出していま

159

◆ 5 ◆ 人工妊娠中絶と生殖医療——医事法・生命倫理の観点から

す。これを堂々と実践したのが、さきほどの根津八紘医師です。根津医師は、「目の前に患者がいるのに逃げることはできない、何とか救いたい」という信念で実践します。根津医師の論理は、すべてこれです。非常にシンプルです。

さて、問題は、その是非と判断基準です。これはあまり議論されていません。この問題については、私の著書『生殖医療と刑法』の第8章で詳細に分析しています。関心がある方は、この本を読んでいただくと詳細は書いてあります。

第1に、母体保護法が規定する「人工妊娠中絶」に該当するという見解があります。しかし、こういうことを想定して母体保護法はつくられていません。母体保護法の定義は、自然の分娩期の前に母体外に排出することが人工妊娠中絶だと書いていますので、この見解を採用することは難しいです。つまり、対象となる胎児を減らすときに、胎児に塩化カリウムを直接注入するわけです。その後、胎児が母体の中から消えていくので、この見解には無理があります。

第2に、刑法37条1項の緊急避難と解する見解です。これは、持ち出しやすいです。ただし、医療現場で緊急避難と言えるのかどうかは、判断が非常に難しいです。産もうと思えば産めるけれども数が多い場合、それが緊急状態と言えるか、医師には判断できないように思います。しかも、日本では、刑法上、緊急避難がなかなか認められない現実もあります。それを現場の医師に任せるというのは、いよいよもって難しいことです。

第3に、リプロダクティブ・ライツを根拠にする見解です。これは、産婦人科医の我妻尭先生の見解です。妊婦の決定を最大限尊重するという点では分かりますが、ただ、これだけだと、男女産み分けなどに利用される可能性があるので、これだけでは論拠は弱いだろう、と思います。

そこで、第4に、私は、第3の見解を修正する説を唱えています。医学的な根拠、その他、産んだ場合の負担とかいろいろな事情を考えて、やむにやまれずこの方法を選んだ場合、例外的に処罰しない、というものです。刑法理論的には、違法性阻却になるのか責任阻却になるのか、これはいろいろ難しい点がありますですが、少なくとも犯罪の成立は阻却されてもよい、と思います。

● 5　今後の課題

最後に、今後の課題を述べておきます。日本産科婦人科学会は、着床前診断について、特にいろいろな条件を付けて研究レベルで認めるスタンスをとっております。今、日本では、特定の疾患と認められるときに倫理委員会に申請して、産科婦人科学会の倫理委員会が承認しないと着床前診断ができない、という前提になっています。着床前診断は、どこの国でも難しい問題です。

その中で、イギリスは、結構率先して着床前診断を実施しています。イギリスは、そういう意味では割り切った国です。どうしてかというと、重度の障害児が生まれて、その治療をせずに死にゆくにまかせてよいか、という問題があるものですから、そんな問題が起きるくらいだったら着床前診断で事前に対処した方が皆が苦しまなくてもよい、と考えているからです。イギリスは、功利主義の国だと言われますけれども、本当にイギリス人らしい考えです。

着床前診断については、ドイツでも最近動きがありました。さきほど、ドイツに一昨日まで行っていた、という話をしましたけれども、ドイツではある事件が起きました。着床前診断は、従来の胚保護法の1条1項2号により、卵細胞が由来する女性に妊娠をもたらすこと以外の目的で卵細胞を人工受精させることは犯罪です。それから、2条1項で、体外で生成されたヒト胚をその意に役立たない

161

◆ 5 ◆ 人工妊娠中絶と生殖医療——医事法・生命倫理の観点から

目的で利用することを禁止しており、これに違反しても犯罪です。最近、これに関する事件が実際起きまして、PID、つまり着床前診断を実施した医師がこの罪に問われたわけであります。しかしながら、本件では、妊娠させる意図で体外受精を行ったわけです。その一環として着床前診断の検査を実施したということでした。したがいまして、もっぱら妊娠をもたらすことだけに向けられたという背景が本件ではあったようです。本件について、連邦通常裁判所(最高裁)は、2010年7月6日、無罪判決を下しております。

　この判決をきっかけにして、胚保護法が初めて改正されました。2011年の7月7日、着床前診断は原則として刑罰で規制するという前提をとりながら、ただ、連邦通常裁判所が下した判決をもとに、一定の要件が満たされた場合には許容する、というふうに明文で定めました。遺伝子検査法という法律も、ドイツでは数年前（2009年）にできています。それとセットで運用されることになるかと思います。着床前診断を実施した場合も、その記録は匿名化されて中央の機関できちんと管理することになっています。4年ごとにきちんと報告書をつくる、という厳しい条件があります。そこまですれば認める、という非常にドイツらしい厳格なルールであります。それについて、ドイツ連邦医師会も、公式意見を表明しています。

　こういう問題は、今後日本でも出てくる可能性があります。それから、遺伝子検査や出生前の胎児診断も、どんどん精密化していますから、これにどう対応するか、課題はたくさんあります。少し長くなりましたが、これで終わりにいたします。

162

6
ES細胞・iPS細胞の研究推進をめぐる法的・倫理的課題

　早稲田大学の甲斐です。私は「ES 細胞・iPS 細胞の研究推進をめぐる法的・倫理的課題」と題して、主に法律論あるいは倫理面から話をさせていただきます。

1　はじめに──問題の所在

　ES 細胞や iPS 細胞に限らず、先端医療技術の研究・開発では、技術面だけが先行して、スキャンダルやトラブルが起きると、研究全体に大きな影響を及ぼします。特に再生医療は日本の得意分野で、世界の最先端にあるため、法律や倫理について並行して考えていくことが大事だ、と思っています。

　ES 細胞の樹立は世界にかなりインパクトを与えましたが、ヒト受精胚に操作を加えるわけですので、やはり倫理的な問題が指摘されました。それをクリアーするために iPS 細胞が樹立されて、ES 細胞以上にいろいろと脚光を浴びています。したがいまして、iPS 細胞の利用は問題が少ないように見えますが、両者の関係をきちんと把握しておく必要がある、と考えています。

　近年、組織・器官の再生の試みがどんどん進んでいます。最新の情報では、血小板の大量作製・安定供給ができるのではないか、という期待もあります。したがいまして、臓器移植よりも先に組織・器官の再生が先行していくだろう、と思います。

　それから、iPS 細胞を臨床応用をする際には、がん化の問題がありますが、私が見聞きしたかぎりでは、がん化しやすい iPS 細胞の

163

◆ 6 ◆ ES 細胞・iPS 細胞の研究推進をめぐる法的・倫理的課題

増殖を抑えると思われる遺伝子が発見されるなど、年々研究が進んできています。

その中で何が法的・倫理的に問題となるか、です。近い将来、臨床応用した場合、どういう法律的・倫理的課題が障壁となるか。今日は、重要と思われるものをピックアップしてお話しいたします。

法的には、もちろん、インフォームド・コンセントの問題がありますが、何よりも、人体に応用するという臨床応用が始まったときにどうするか、です。当然ながら、現段階では、その臨床応用は、ある種の実験的な要素が非常に強いわけであります。そのときにやはり被験者のことを考えなければなりません。

大事な点は、何よりも安全性の確保です。ところが、この安全性の確保というのは簡単ではありません。想定外のリスクというのがありうるからです。そのときに、医療過誤による損害賠償ということになるのでしょうか。

想定外のリスクというのは、専門家でも予測できない、やってみないとわからないものです。そうかといって、現実に被害者が出た場合どうするか、ということも、また考えなくてはいけません。「バラ色の技術だ」と言いながら、「なんだ、やってみたらこんな被害が出たではないか」ということがつきものだ、と思ったほうがよいでしょう。

したがいまして、被験者に対する補償の問題を十分に考えておくことが大事です。私は、それを法システムの中に組み込むべきであるという立場です。そのためには情報公開が重要です。この種の議論、あるいは研究の推進というのは、国民に理解されないといけません。「なんでもできる夢の技術だ」というところばかり強調されたのでは、いざ何か問題が起きたとき、「あら？こんなことも伝えられていなかったではないか。」ということになります。日本で弱

いと言われているのがテクノロジーアセスメントですが、特にネガ
ティブ情報の扱いが重要です。やはり、これも情報公開しておかな
いといけません。

● 2　基本的視座

　さて、そのような中で基本的スタンスとして、ポストゲノム社会
の中で法はバイオテクノロジーにどう関わるべきでしょうか。

　まず、研究者が自ら、自分たちでできることはどこまでか、とい
うことをきちんとルール化することがよい、と思います。しかし、
それには限界があります。やはり、同じ分野の専門家集団だけだと
対応しきれない部分があります。そうすると、それ以外の分野の人
も関わらざるをえません。特にルールということになりますと、や
はり法律ということになります。ルールには生命倫理と法がありま
す。

　生命倫理と法には、共通点もかなりあります。しかし、国が関与
して責任を持ってルール化するということであれば、やはり法が関
わらざるをえません。ただし、刑事規制が前面に出ることは、好ま
しいことではありません。まずは民事規制だろうと思います。

　もっとも、民事事件というのは当事者同士の紛争ですから、当事
者が問題提起をしなければどうにもなりません。それだけでは不十
分な場合もありますので、行政規制の検討が必要です。例えば、国
が許認可といった観点で関与するということです。そして、最後の
手段として刑事規制が出てきます。刑事規制は、本当に最後の手段
です。刑事規制が出すぎると、あまり良い効果はありません。

　そういう基本的スタンスに立って、今困っている人に対してどう
対応するか、という現在の人類の福祉のみならず、将来の人類の福
祉、つまりこの種の問題は次世代以降にも及ぶ、ということも考え

165

◆6◆ ES 細胞・iPS 細胞の研究推進をめぐる法的・倫理的課題

ていかなければなりません。

　また、憲法23条に規定されている学問の自由は保障されなければなりませんが、これも、無条件あるいは無制限というわけにはいきません。それが「人間の尊厳」に抵触するようなものである場合には、やはり「ちょっと待った」と立ち止まってルール化を考えなければいけない、と思います。ただ、何が「人間の尊厳」に抵触するかというのは、とても難しい問題です。

● 3　現行のルール

　さて、現行のこの種のルールには、「幹細胞指針」、それから「ES 細胞についての樹立・分配指針」と「使用指針」、それから、2010年にできた「ヒト iPS 細胞又はヒト組織・幹細胞からの生殖細胞の作成を行う研究に関する指針」、略して「iPS 指針」があります。

　これらは、法律ではありませんが、かなり公的な色彩を持った指針であり、行政規制というレベルでとらえてよい、と考えられています。

● 4　ES 細胞研究と iPS 細胞研究の関係

　これらを前提として、問題をどう考えたらよいでしょうか。その際には、ES 細胞研究から iPS 細胞研究が生まれたという経緯を忘れてはならない、と思います。ES 細胞研究というのは、ヒト胚の滅失を伴うものですから、どうしても倫理的な非難がつきまとう宿命にある研究手法でした。しかし、ES 細胞研究がなければ iPS 細胞は生まれなかった、ということです。

　iPS 細胞のほうが倫理面の問題は少ないのですが、見方によっては人工度が高い、とも言えます。したがいまして、これを無制限に許可してしまうと、さきほどの講演にありましたように、生殖細胞

166

といった領域で iPS 細胞を使った研究が増え、それこそ取り返しが
つかない、次世代にも影響を及ぼすものが出てくるかもしれません。
それで、この問題に関する指針が必要になってくるわけであります。

● 5　ES 細胞研究の倫理的課題

　指針を踏まえて、ヒト ES 細胞研究の課題は何か、ということを
述べます。まず、ヒト胚の滅失自体はなんともしがたいので、指針
の 3 条で「ヒト胚及びヒト ES 細胞を取り扱う者は、ヒト胚が人の
生命の萌芽であること並びにヒト ES 細胞がヒト胚を滅失させて樹
立させたものであること及びすべての細胞に分化する可能性がある
ことに配慮し、人の尊厳を侵すことのないよう、誠実かつ慎重にヒ
ト胚及びヒト ES 細胞の取扱いを行うものとする。」と規定されて
いることに代表されるように、「慎重に扱え」となっています。私
は、臨床研究のルール、「メディカル・デュープロセスの理論」（私
の提唱する理論）に基づいて対応すべきだ、という立場です。

　また、ほかにどのようなリスクがあるかというと、ドナーによる
感染症のリスクがあります。これは、当然検討しておかなければい
けません。それから、ドナーによる遺伝学的背景によるリスクです。
人の細胞を使いますから、やはり遺伝学的背景というものがありま
す。これをどう回避するか。それから、ドナー選択、これが適切に
行われるか、という点も重要です。さらに、取違えのリスクもあり
ます。

　その他、侵襲のリスク、培地由来のリスク、レシピエントの選択
のリスク、それから何よりも一番よくいわれる、がん化・奇形腫形
成のリスクがあります。これは、やはり ES 細胞においてもありえ
ます。移植片対宿主病のリスクです。専門家によれば、こうした想
定外のリスクがあるということであり、したがいまして、これらを

167

◆ 6 ◆ ES 細胞・iPS 細胞の研究推進をめぐる法的・倫理的課題

きちんと押さえたうえで臨床応用する必要があります。

● 6 iPS 細胞の倫理的課題

では、iPS 細胞はどうでしょうか。奇形腫形成のリスクは、想定内です。それから、目的組織への分化誘導効率の低下のリスク、iPS 細胞の樹立方法に起因するがん化のリスクです。これはよく指摘されているところです。想定内のリスクについては、世界中で今それを克服する手法があれこれと考えられています。新聞報道でもいろいろ紹介されています。

想定外のリスクもあります。iPS 細胞を使った場合に、これは ES 細胞のところでも触れました移植片対宿主病のリスクがありうるだろう、と言われています。

それから何よりも問題なのは、やはり生殖細胞に iPS 細胞を使うことです。マウスでそういう研究がなされているようですが、人体への応用となりますと、考えざるをえない部分があります。さきほど紹介した「ヒト iPS 細胞又はヒト組織幹細胞からの生殖細胞の作成を行う研究に関する指針」ができたのは、そういう経緯からです。同指針の第 6 条では、「作成された生殖細胞を取り扱う者は、当該生殖細胞を用いてヒト胚を作成してはならない。」と規定されています。これは、法律ではありませんが、公的なガイドラインでありますから、きちんと押さえておく必要がある、と思います。

それ以外の一般的な問題としては、インフォームド・コンセントがあります。これについては、指針にも詳細な規定があります。また、個人情報の保護も、当然考えなければなりません。

それから、被害者補償が重要です。臨床応用の段階では、やはり被害者を救済するということを議論しておかなければいけません。そのためには、例えば、保険会社などにも早めに議論に参加しても

らって、臨床応用において被害者が出た場合にどういう補償がなされるのか、その条件は何か、ということを今から十分検討しておく必要があります。

　無過失補償制度には注目すべきです。これは、すでにニュージーランドやスウェーデンなどで医療事故等を対象に採用されています。一般の医療事故とは違う、想定外のリスクもありうるので、十分に議論しておいたほうがよい、と思います。

　それから、特許と商業化に伴う問題です。特許については、のちほどご報告がございます。商業化については、商業化、ビジネス化がどこまで認められるか、です。これは、人体の商品化、臓器売買とは一線を画する問題ですが、難しい問題です。

　全面的に市場に委ねるという方式もありましょうが、そこに国も関与するのであれば、「商業化」と呼んでよいかどうか、微妙です。例えば、iPS細胞を臨床応用していく際にはバイオバンクはつくらざるをえません。ところが、日本では、バイオバンクに関する法制度はまだありません。北欧には、すでにバイオバンクに関する法制度があり、民間に任せています。エストニアは官民共同でやっていますし、イギリスは国営事業モデルを目指しています。いろいろなタイプがあります。

● 7　制度的課題——バイオバンクの確立

　バイオバンクについて、日本はいったいどういう制度設計をするのか。私は、法律をつくって官民共同事業モデルでやっていくのがよいのではないか、と思っています。それぞれが勝手にバイオバンクをつくるとなりますと、例えば、品質保証の確保ができない、と思われます。そういう法制度は、やはり法を整備して医薬品と同じレベルの扱いにすべきではないでしょうか。

◆ 6 ◆ ES 細胞・iPS 細胞の研究推進をめぐる法的・倫理的課題

ご清聴ありがとうございました。

7
医療事故の届出義務と医療事故防止
——医師法21条の問題点と法改正への提言——

　ただいまご紹介いただきました早稲田大学の甲斐と申します。本日はお招きいただきましてありがとうございます。よろしくお願いいたします。

　私のテーマは、「医療事故の届出義務と医療事故防止」ということで、先ほどからお話が出ております医師法21条をめぐる問題に焦点を当てながら、お話をさせていただきます。

● 1　はじめに——問題の所在

　まず、問題の所在がどこにあるか、ということです。医療事故で患者さんが死亡しますと、医師法21条の医師の届出義務をめぐる問題が発生します。

　その肝心の医師法21条というものについて、ご存じの方もおられるかと思うのですが、念のために確認しておきたいと思います。

　医師法21条は、「医師は、死体又は妊娠4月以上の死産児を検案して異状があると認めたときは、24時間以内に所轄警察署に届け出なければならない。」という規定で、違反した場合、50万円以下の罰金が33条の2で定められております。もともとこの医師法21条は、あまり使われませんでした。医療現場の方でさえ、医師法21条違反が処罰の対象になるのかどうか、以前はあまりご存じなかった方もおられたということもお聞きしました。ところが、都立広尾病院事件で、この問題がクローズアップされたわけです。

　都立広尾病院事件について簡潔にお話ししておきます。看護師2

171

◆ 7 ◆ 医療事故の届出義務と医療事故防止──医師法21条の問題点と法改正への提言

名がヘパリンナトリウム生理食塩水と、消毒液ヒビテングルコネート液を取り違えて点滴注射し、患者さんが死亡した事件です。病院は、当初は届け出ようということで動いていたのですが、いろいろな事情から方針を変更し、主治医と院長が死因を「病死」と書き換え、しかも警察署に届け出るのも見合わせたということでした。これが刑事事件として問われたわけです。虚偽公文書作成罪・同行使罪（刑法155条1項・156条・158条1項）と医師法21条違反について、この2人が、「共謀共同正犯」で起訴されました。

本件は、最高裁判所まで争われました。その話は、のちほどいたします。ポイントは、医師法21条というのは、医師が所轄警察署に24時間以内に届け出なければならない、ということですので、逆に言えば「届け出なさい」ということを強要するわけです。ところが、憲法では38条1項に「不利益供述強要禁止」というものがあります。刑事事件の場合に、被告人がみずから「自分がやりました」と言わなくてもよいことを、憲法上、保障しているわけです。したがいまして、医師についてもこれが当てはまるのではないか、ということから問題点が浮き上がったわけです。

そこで、合憲説と違憲説の争いが出てきました。のちほど出てきますが、交通事故を起こした場合に、道路交通法上は届出義務がありますが、これについても同じようなことが以前、最高裁判所で争われ、結論的には合憲判断だったわけです。医療事故の場合がこれと同等かどうかということが、あらためてこの事件でクローズアップされまして、最高裁判所は、医師法21条は憲法違反ではない、という結論を出しました。

しかしながら、学者の間では、やはり憲法違反の疑いがあるということは根強く主張されておりまして、そうであるならば、今後この医師法21条はどのように運用していけばよいのかということが、

172

当然問題となるわけです。

● 2　都立広尾病院事件最高裁決定の論理

そこで、最高裁判所がどういうことを述べたか、が重要です。ここでは最高裁決定の論理の重要な部分だけ紹介したいと思います。2点あります。

まず第1点は、「医師法21条にいう死体の『検案』とは、医師が死因等を判定するために死体の外表を検査することをいい、当該死体が自己の診療していた患者のものであるか否かを問わないと解するのが相当であり、これと同旨の原判断（高等裁判所の判断）は正当として是認できる」ということです。

これはどういうことかと申しますと、「検案」という言葉は、普段はあまり気に止められなかったわけですけれども、似た言葉で「死亡診断書」と「死体検案書」という言葉があります。従来、自分が診療中のものについては、「検案」という言葉は使わなくて、別の原因でその被害者が亡くなったといった場合に、検案をして、法医学的な観点から、司法解剖をするとか、あるいは行政解剖もやるのでしょうけれども、そういうことを主に「死体検案」と呼んでいたようです。しかしながら、最高裁判所は、「みずからが診療中に事故で患者さんが亡くなった場合も、ここでいう検案にあたる」ということを述べたわけです。

2点目は、「死体を検案して異状を認めた医師は、自己がその死因等につき診療行為における業務上過失致死等の罪責を問われるおそれがある場合にも、本件届出義務を負うとすることは、憲法38条1項に違反するものではないと解するのが相当である」ということでありまして、結論はいま述べた合憲判断なのです。

では、「どういう理由なのだろうか」、と気になる方もおられるか

173

◆ 7 ◆ 医療事故の届出義務と医療事故防止——医師法21条の問題点と法改正への提言

と思います。もう少し補足いたしますと、結局裁判所は、このなかでいくつかのことを述べているわけです。簡単にいうと「公益」です。犯罪に関わるおそれがあるといった場合に、真相解明というのが一方で国家の義務としてあります。真実解明義務ですね。これが刑事訴訟法の任務のひとつです（刑事訴訟法1条）。したがいまして、医師法21条も、それとの関係で原因を解明することと関係するわけです。それは、あくまでも犯罪との関係での真相究明でありまして、あえて言えば「公益」と言いましょうか、これがひとつの柱になっているということです。

さらには、医師免許は何のためにあるかということを、あらためて強調したわけです。つまり、「医師免許は、人の生命を直接左右する診療行為を行う資格を付与するとともに、それに伴う社会的責務を課するものである」ということで、「このような本件届出義務の性質、内容・程度および医師という資格の特質と、本件届出義務に関する前記のような公益上の高度な必要性に照らすと、医師が、同義務の履行により、捜査機関に対し自己の犯罪が発覚する端緒を与えることにもなり得るなどの点で、一定の不利益を負う可能性があっても、それは、医師免許に付随する合理的根拠のある負担として許容されるものというべきである」ということです。つまり、「医師免許に付随する合理的根拠のある負担」、それがまた、ひとつのキーワードになるわけです。

このような論理で、最高裁は、結果的には合憲判断を示したわけです。

3　医師法21条の届出義務の射程と課題

さて、問題はどこにあるか。ここからが本論になります。医療事故には、死亡した場合もあるでしょうし、重度の障害、後遺症が残

る場合、さらには軽微な障害で済んだ場合など、いろいろな場合があります。いったい届出義務を議論する場合に、どこまでを射程に入れるべきでしょうか。

　医師法21条は、さきほど確認していただきましたように、あくまでも患者さんが死亡した場合が前提です。それ以上のことは何も書いていないのです。ところが、重い障害を負った場合、届出義務があるだろうか、ということが問題となります。そのことを踏まえて医師法21条の問題点を医療事故と関連づけて整理すると、「誰が、どこに、いつ、どのように届け出るのか」ということ、これが実は問題なわけです。医師法21条は、その文言を読んでいただければお分かりのとおり、この点が明らかではありません。「検案した医師」とは書いてありますが、医療事故というのは、あとからお話しますが、いろいろな関わり方があります。加えて、医療事故防止にどのように役立つのか、という観点が抜けてはならないでしょう。それから、私は、刑事法を研究しておりますので、「刑事免責」との関係に注目しています。届け出たのはよいけれども、憲法38条1項に抵触しないということであれば、最終的には刑事免責ということも考えなければいけない。それは、いったいどういう手続でやるのか。この問題が、課題として残るわけであります。

● 4　医療事故の届出の諸提言

(1) 日本法医学会ガイドライン

　医療事故の届出については、様々な提言があります。これについては、あとのお二方もおそらくお話をされるので、ここでは簡潔にまとめたいと思います。まず、医師法21条、33条の射程範囲につきまして、いろいろな提言がすでに出されておりますが、患者が明らかな医療過誤で死亡した場合は、とにかく所轄警察署へ届け出なさ

175

い、という規定が21条の条文にあります。その場合には、患者さんの死体は、「異状死体」ということになるわけです。

　ところが、その「異状」とは、いったい何であろうか、これがはっきりしません。特に医療事故との関係では、私の専門としている「過失犯」というものが関わりますが、過失の認定自体が実は非常に難しいのです。しかも、民事事件と刑事事件があります。したがいまして、過失の有無というきわめて難解な判断には、裁判官でさえ苦慮するくらい難しいものが絡みます。ましてや一般の医師が臨床現場で、医療事故死体が異状かどうかを判断するのは、本当は難しいかもしれません。何よりもその因果関係を認定するのが難しい場合があります。例えば、感染症で死亡した場合とか、特異体質に伴うショック死という場合もありましょうし、人為的ミスかどうか、かなり判断が困難な場合もあります。

　「異状の疑いがある」というところまで広げますと、刑法上、「罪刑法定主義」という堅固な原則との関係が問題となります。すでにどこかで勉強された方は当然ご存じでしょうけれども、民法と刑法で違うのは、罪刑法定主義が刑法にある点です。つまり、犯罪も刑罰も、事前に、明確に、「こういう行為は刑罰法規違反だ」ということを国民に告知しておくということが前提になっています。ところが、医師法21条の「異状」という言葉のなかには、いろいろなニュアンスがありますから、学者のなかには「もともと罪刑法定主義違反だ」と言われる方もいるくらいなのです。

　そこで、日本法医学会が1994年に「『異状死』ガイドライン」というものを出しました。このガイドラインは、基本的に、病気になり、診断を受けつつ診断されているその病気で死亡することを「普通の死」と呼び、それ以外は「異状死」ということで、射程範囲を割合広くとっております。より厳密には、その中身は5分類です。

①「外因による死亡」、つまり外傷を受けたといったような場合。②「外因による傷害の続発性あるいは後遺障害による死亡」。③「①または②の疑いがあるもの」。「疑いがある」というものもここに入るわけです。④「診療行為に関連した予期しない死亡またはその疑いのあるもの」。④になると、もっと広がりますよね。さらには、⑤「死因が明らかでない死体」。ということは、犯罪に直接関わらなくても、調べてみなければ分からないものは、ほとんど「異状」である、ということです。これは、やむをえません。それを解明するのが法医学のひとつの仕事ですから、当然と言えば当然です。

　このガイドラインは1994年に出されたのですが、当時はいまのように「刑事医療過誤」ということを念頭に置いて法医学会もこのガイドラインを作ったわけではないものですから、こういう状態になっているわけです。おそらく、今でしたら、修正したほうがよい点が出てくるかもしれません。むしろ、当時は臓器移植の場合の臓器摘出対象体として、どこまで提供してよいか、という議論などでも、このガイドラインが議論されたという経緯もあります。

　したがいまして、この定義で現在の諸問題を乗り切れるかというと、やや不十分な点があるだろう、と思います。

(2) 日本外科学会ガイドライン

　つぎに、日本外科学会が2002年にやはりガイドラインを出しています。外科学会は、より大胆な提言をしています。

　まず1番目に、「重大な医療過誤の存在が強く疑われ、また何らかの医療過誤の存在が明らかであり、それらが患者の死亡の原因となったと考えられる場合」ということです。死亡ですから、これについてはある程度理解がいくところです。しかし、2番目として、これはほかのガイドラインでも出てくるのですが、「何らかの医療過誤の存在が明らかであり」——ここまではよいとしても——、「そ

177

れが患者の重大な傷害の原因になったと考えられる場合」ということで、傷害についてはさきほども言いましたけれども、医師法21条は想定していません。しかしながら、日本外科学会は、これも届け出たほうがよい、という提言をしています。どこに届け出るかというと、所轄警察署です。報告を行うことが「望ましい」という表現ではありますが、これは、複数の学者が指摘しているとおり、医師法21条でさえ、死亡した場合しか届出を義務づけていないのに、傷害の場合になお警察への届出義務を課すということは、いよいよもって憲法38条1項に抵触するのではないか、ということが理論的に言えるわけです。したがいまして、法律でもない学会のガイドラインレベルで、憲法により抵触する可能性のあることを義務づけるとなりますと、それを信じて届け出た医師は、みすみす、まさに自分の犯罪を届け出るということになってしまうのではないか、ということでやはり無理がある、という指摘をする刑事法学者も何人かいるわけです。

(3) 医療事故市民オンブズマン・メディオの提言

では、市民レベルではどうかというと、私はこの提言をかなり評価しているのですが、医療事故市民オンブズマン・メディオの提言が2001年に出ました。これは、各都道府県に対して実施したアンケートをもとにして、医療事故のレベルを5段階に分けて、都道府県の医療事故報告制度と連動させながら考えていきましょう、という提案です。

私は、これが出た直後から大変関心を持っていました。いくつか問題点はあるのですが、基本的な方向性としては、個人的には良い方向に行っているのではないか、と思っています。

レベル5は、「事故の結果、患者が死亡した場合」です。これは当然で、医師法21条自体が予定しているものです。

レベル4は、「事故による障害が長期にわたると推測される場合、および生命の危機等深刻な病状悪化をもたらす場合」です。

レベル3は、「事故のために治療の必要性が生じた場合、および治療のための入院日数が増加した場合」です。

レベル2は、「事故により患者に何らかの変化が生じ、観察の強化および検査の必要性が生じた場合、および事故による患者への直接的な影響はなかったが、何らかの影響を与えた可能性があり、観察の強化や心身への配慮が必要な場合」です。

レベル1は、「患者に対し、問題のある医療行為が実施されたが、結果的に被害がなく、またその後の観察も不要である場合」です。

レベル0は、「患者に対しある医療行為が実施されなかったが、仮に実施されたとすれば、何らかの被害が予想される場合」という不作為型です。

このように5段階ないしは6段階に分けて、それぞれどのように届け出たらよいか、という提言をしています。

まず、警察への届出というところです。(1)「医師が死体を検案して異状があると認めた場合」は、医師法21条にあたるわけです。(2)「重い障害が発生した場合」も警察に届け出なさい、と言っています。ここに、さきほど取り上げた他の外科学会などが提言しているガイドラインと共通の問題点が残るのです。それから、(3)「死因が不明の場合」も届け出たほうがよいという点は、刑事法的にはやや疑問が残ります。ただ、「警察への届出等にあたっては、原則として、医療機関は事前に患者および家族等へ説明し、理解を求める」ということですので、ここのところで、もし了解が得られれば、何らかの考慮ができるかな、という気もします。なお、「患者および家族等の同意の有無に関わらず、必要な届出は行わなくてはならない」というのは、もちろんのことです。

179

特徴的なのは、さらにそこから先を考えている点です。「医療機関の施設内報告の提案」ということが書いてあります。

a)「医療従事者は、レベル0〜5すべての医療事故を施設内の医療事故防止対策委員会へ報告する」。これは施設内に医療事故防止対策委員会を一応作っているという前提です。ですから、院内では当然ながら報告をすることになります。

b)「医療事故報告書を提出した者に対し、報告書を提出したことを理由に不利益な扱いを行ってはならない」。これは、もちろんのことです。この不利益は、何を意味するか。例えば、配置換えをするとか、いろいろなことが考えられます。

c)「医療事故防止対策委員会は、すみやかに事故現場を保存し、事故関係者から個別に事実経過を聴取し、記録する。証拠隠滅ならびに改ざん、事故関係者を集めて口裏合わせによる事故隠し等を行ってはならない」。これは、院内でとにかくやれることはやりましょう、ということです。

このように院内的な措置でやるのか、あるいはあとからお話が出ますけれども、外部の第三者機関でやるのか、これは議論すべき検討課題であろうと思います。院内でできれば、まずは院内でやる。その際に、あれこれ証拠にあたるものに触ってしまいますと、外部の調査もできませんから、そこのところに歩調を合わせる必要があります。

d)「医療事故防止対策委員会は、事故の原因分析、組織としての責任体制の検証、事故防止対策の検討を実施し、施設内での情報を共有し事故の再発防止に努める」。これは、事後的な措置です。何のためにやるか、ということです。ただ単に刑事免責を求めるためというのではなくて、やはりこの制度は、医療事故防止につながるようなものでなければ意味がないであろう、というわけです。本

来の公益というのは、私の考えからいきますと、単に犯罪の真相解明というだけではなくて、医療事故の原因を探って、公衆衛生とも言えるでしょうが、医療は誰でも受けるわけですから、そこにおいて安全性を確保できるという意味での公益、私は国民の憲法上の知る権利だと思っているのですけれども、そういうものとして捉えればよい、と考えています。私は、このように、この提言を理解しています。

　それからさらに、院内だけではなくて、都道府県とセットになってやりましょう、ということです。

　ⅰ）「レベル５および４については、事故後、内容をすみやかに報告し、さらに事故の原因と対策を徹底検査・検討した上で後日、報告書を提出する」。

　ⅱ）「レベル３および２の場合、個別の事案ごとに防止対策を添えて報告する」。これは、窓口のある都道府県があります。そのようなところもうまく活用する、ということです。

　ⅲ）「レベル１および０の場合、月ごとに院内で取りまとめをした上で、対策と共に報告する」。これは軽いものの場合です。

　これらは、届出先が警察ではありませんから、直接的に憲法38条１項に抵触するという懸念はないのですが、ただ、あとから出ます公務員というのは、「犯罪の嫌疑あり」と認知した場合には、さらに告発義務が別途ありますので、それとの関係で、間接的ながら憲法38条１項に抵触する可能性があるのです。ですから、都道府県がどのような窓口対応をするかということにかかっているでしょう。あとから田原先生がお話されるモデル事業などに、このあたりをどのように取り込むかというのが、おそらく課題になるのではないかと思います。

　そのほかに、医療問題弁護団も2001年に提言をしておりますが、

181

◆ 7 ◆ 医療事故の届出義務と医療事故防止——医師法21条の問題点と法改正への提言

メディオのようなスタイルはとっておりません。大枠においての提言ですから、ここでは割愛させていただきますが、できるだけ事故を届け出るという方向への提言を出しておりますし、2005年5月には、医療安全の第三者機関を設置するような提言、「医療事故調査の在り方に関する意見書」というものも出されております。

　以上のように、医療事故の届出義務についてはいろいろなところが提言をしているわけです。

● 5　医療事故の届出義務と医療事故防止の具体策

(1) 立法論の提言の骨格

　最後に、提言の中身です。今後どう考えたらよいかということです。

　医師法21条については、(1)立法論として、①医療事故に特化したより明確な規定を置くべきであろう、と思います。そして、②医療事故の届出義務自体を刑罰で担保すべき事項から除外したほうがよい、と思っています。ただし、すべてというわけではありません。異状死体にも様々なものがあります。典型的な殺人などもありますので、すべてを除外することはできません。かといって「医療事故に特化する」と書きましたけれども、なぜ医療事故だけ特別扱いするのかという懸念が残るわけです。したがいまして、そこのところは、医療というものを、国民が広く関心を持って、安心して医療を受けられるという、憲法で言えば「国民の幸福追求権」の一環として位置づける、そういう観点から医療事故の届出については、刑事免責というものを設けるべきではないか、と個人的には考えています。

　ただし、医療事故にも様々なものがあります。俗にいう「悪質な事故」というのもありますから、そういうものまで刑事免責という

のは、甘いのではないか、という議論もあります。したがいまして、そのボーダーラインをどう引くか、という課題は残るわけです。あるいは終末期医療の問題なども最近議論されていますけれども、こういうものとどうやって区別するのか、一緒に扱うのか、これも課題になるわけです。

(2) 届出主体の明確化

つぎに、(2)所轄警察署に届け出る主体の明確化です。条文を見るかぎりでは、届出主体は異状死体を発見した人ですけれども、さきほど申し上げましたが、過失で死んだといった場合に、「過失」自体の判断が難しいので、実は判然としないのです。個人経営の診療所で、個人がまさに単純ミスを犯したという場合もありましょう。そういう場合は「当該医師」ですから、直接届け出るということになりましょうが、大きな病院になりますと、看護過誤に関わるものとか、あるいは医薬品の取扱いミスなど、いろいろなことで複数の人が事故に関わるケースが多いわけです。これを刑法理論では「過失の競合」と呼んでいます。最近の著名な事件では、横浜市立大学病院の患者取違え事故があります。6人が起訴されました。それから埼玉医大の抗がん剤過剰投与事件では、主治医だけではなく、その先輩にあたる医師と、さらに耳鼻咽喉科の科長教授まで起訴されました。第1審も第2審も3名を有罪としましたが、上告した科長教授について、最高裁でもつい最近、有罪の決定が出ました（裁決平成17年11月15日刑集59巻9号1558頁）。本件ではやむをえない判断でしょうが、一般的に考えると、責任者自体も、「あなたも関わっていたではないか」ということで有罪になりかねません。判断が難しいというのは、そこのあたりです。ですから、誰が届け出るかというのは重要です。一般的には、当該病院長が届け出るべきだという提言が、たしか、全国病院関係の協議会で出ていましたけれど、

◆ 7 ◆ 医療事故の届出義務と医療事故防止——医師法21条の問題点と法改正への提言

原則は、やはり施設の長が責任を持って届け出るほうがよいだろう、と私も思っています。なぜなら、組織的対応ということを考えざるをえないからです。

ただし、死因をめぐって意見が分かれる場合があります。少なくともそういう場合に単独で届け出なければならない、ということもあるかもしれません。組織は皆が反対しているけれども、「私はミスを犯した、早く届け出たい」という方もおられるかもしれません。

都立広尾病院事件では、死因（看護師の過失による事故死）は明確でした。ところが、病院の対策会議での意思決定において、さきほども申し上げましたが、意見がだんだん変わっていって、「病死」とカルテを改ざんし、「もう届出をやめよう」ということになりました。その結果、病院長と主治医の両名は、虚偽公文書作成罪および同行使罪と医師法21条違反の共謀共同正犯で有罪となったわけです。

ですから、やはり組織的対応をする必要があり、そのなかで病院長の責任のもとに届出体制を確立すべきだろう、と思います。そのほうがスムーズな体制がとれるだろう、と思います。そのためには、もちろん、院内で意思疎通を図るほか、こういう制度設計をしっかりしないとうまくいかないだろう、と思います。

(3) 届出時間制限の緩和

それから、(3)医師法21条の届出時間制限の緩和です。現行法では、異状死体発見後、24時間以内に届け出なければならないことになっています。したがって、時間との闘いがあります。あれこれ調べていると、24時間過ぎてしまうということがありえます。都立広尾病院事件も、事故が起きたのは祝日でした。ですから、翌日の朝に結論を回そうということにして、そして翌朝から、届出をすべきかどうかも含め、いろいろ話していたら、つい時間が過ぎてしまったと

いう事情もあります。時間的余裕があるのとないのとでは違いますから、もちろん、遺体の扱いということで24時間というのが重要ではあるのですけれども、届出義務との関係では、多少時間的なインターバルを考慮する余地があるのかな、という気がいたします。

(4) 死亡事故に至らない医療事故の届出

それから、(4)死亡事故に至らない医療事故の届出です。これについては、少なくとも医師法21条の管轄外です。ですから、所轄警察署に届け出る義務はないのですけれど、国公立病院ですと、刑事訴訟法の239条2項により、さきほど申し上げました公務員でありますと、職務遂行上、「犯罪があると思料するときは、告発しなければならない」という告発義務があるわけです。ですから、死亡事故でなくても、医療過誤により重大な傷害が発生しますと、書面または口頭で検察官または司法警察員に告発しなければなりません。あるいは都道府県知事や地域保健法5条1項の規定に基づく政令で定める市の市長とか、特別区の区長、これも同様です。「前項に規定する医師、歯科医師、又は助産師に対し、必要な報告を命じ、又は検査のため診療録、助産録その他の帳簿書類を提出させることができる」というわけで、行政法レベルですと、医療事故の届出で報告義務を課すことができます。したがいまして、刑事法的な届出というよりは、行政法レベルと考えていけば、傷害レベル、つまり死亡事故に至らないものでも、ある程度クリアできるかもしれません。しかし、公務員ですから、そこから先どのように告発するかということになりますと、やはり課題が残るわけです。

(5) 届出制度と医療事故防止

最後は、(5)届出制度と医療事故防止との結び付きです。これは、当然ながら考えられなくてはいけません。そのためには、やはりどうしても一定程度、刑事免責制度というものを導入しなくてはいけ

ないだろう、と思うわけです。

● 6 おわりに

(1) 被害者救済システム

　以上のようなことを踏まえながら考えられるのは、ひとつは、医療事故被害者の救済、あるいは補償制度の模索です。これは、もうすでに加藤良夫先生が中心となっていろいろな提言をされております。私も、基本的にはあのような制度が良いだろう、と思っていますが、補償システムの構築、制度設計には、いろいろ工夫の余地があるかと思います。

　昨年（2005年）11月から12月にかけてニュージーランドに調査に行きました。ご存じの方もおられるかもしれませんが、そこでは、過失の有無を問わない、いわゆるノーフォールトシステムをとっています。医師等の過失の有無を問わず、被害者にまずは補償する制度です。財源はというと、税金を高くし、さらに保険制度をセットにしています。これは、医療事故だけではありません。ACC（The Accident Compensation Corporation）という機関がありまして、そこが一括して自動車事故であろうと医療事故であろうと補償をするのです。特に医療については、さらにもうひとつの組織、HDC（Health and Disability Commissioner）という別のコミッショナーがありまして、それが仲介をします。これがあとから出てくる日本の第三者機関に近いのかどうか、です。独立行政法人に近いのですけれども、医療事故について、患者さんと一緒に5名のスタッフがチームを組んで、即座に現場に行って医療事故の解明をします。そして、場合によっては即座に医師に謝罪させたりするわけです。被害救済をすみやかにすることを行っているのです。

　財源確保などの問題もありますが、第三者機関の調査のあり方と

して、単発的に作るということもありましょうが、ニュージーランドのような補償システムを作るということも、ひとつの方法ではないか、という気はしています。

(2) 医事審判制度

さらに、医療事故の調査委員会だけでよいかというと、それだけでは足りないだろう、と私は思っています。そこから先の裁判・審判システムについて、医療問題を専門に管轄する医事審判制度というものを考えたらどうか、ということをかねてから説いているのですが、あまり注目されません。例えば、ドイツでは医師職業裁判所というものがありますし、オーストラリアでも原因究明型の審判制度があります。日本でも、実は海難審判というものがあります。海の事故は原因解明を先にやり、そのあと刑事裁判を行う「海難審判先行の原則」というものがあります。こういう制度を医療事故にも応用して、まず原因究明、そして被害者救済をやって、あと残った明らかに重大な過失などについては、刑事司法にせよ民事司法にせよ、従来どおりの司法救済の道を残し、あとはそこから外して、いわば ADR と言いましょうか、別の紛争解決処理を探るべきではなかろうか、と思っています。そういう原因解明型、被害者救済型の制度もセットで考えるべきではないかということで、私の考えをしめくくりたいと思います。

詳細は、昨日刊行されたばかりですが、『医事刑法への旅Ⅰ（新版）』（イウス出版、2006年）という私の本でも書いておりますし、ほかのものにも書いております。さらには、あとから話される畑中さんも書かれておりますが、『ジュリスト』1307号は「事故調査と安全確保のための法システム」を特集しておりまして、非常に良い論文が載っております。私もこれに共鳴するところが大きいのですが、あとからたぶん話が出るだろう、と思います。そういうことで、

◆ 7 ◆ 医療事故の届出義務と医療事故防止——医師法21条の問題点と法改正への提言

英知を結集すれば、良いシステムができるのではないか、と思います。

ご清聴ありがとうございました。

8

持続可能な医療安全確保に向けた制度構築
——広島医療社会科学研究センターに期待される役割——

1 はじめに

（1）ただいまご紹介にあずかりました早稲田大学の甲斐と申します。このたびは、「広島医療社会科学研究センター」が広島大学を中心に設立されたということで、まことにおめでとうございます。開設記念にあたってこういう基調講演をする機会をいただきましたことを、本当に光栄に思っております。広島に来ると、私は、今でも血の気が騒ぐ気がいたします。今年のはじめに、この時期（2016年6月25日）まで、わが広島カープが25年ぶりのリーグ優勝を目指して首位を走っているということは、想定しておりませんでした。ストーリーが少し狂っていまして、うれしい悲鳴ではありますが、話の途中でそういう話も出てきますのでご容赦いただきたいと思います。明日、マツダスタジアムで阪神戦を観るのが楽しみです。

（2）さて、今日の私の講演のテーマは、「持続可能な医療安全確保に向けた制度構築」です。このテーマには、実は2つのキーワードがあります。1つは「持続可能性」、もう1つは「医療安全確保」であります。この問題をめぐっては、現在、全国的に動きがありまして、医療安全は、避けて通れない問題になっております。この問題を考えるにあたりまして、広島市との関係を意識しつつ、地元に密着したような形で、一緒に考えていただきたいと思います。広島大学には私も13年間在籍し、ずいぶんお世話になりました。今回、その恩返しという意味もあるのですが、何ができるだろうか、とあ

189

れこれ考えました。このたび、さきほど横藤田誠センター長からもお話がありました「広島医療社会科学研究センター」が広島市にできるということは、実に意義深いことであります。この種の研究センターは、おそらく全国でも初めてではないか、と思います。医療問題と言えば、総じて医学部あるいは病院とか、そういう医療関係機関を中心に研究センターができ上がるのですけれども、こうして社会科学の観点から医療問題を考える意義がどこにあるのか、ということを考えるにあたり、広島市には実はいろいろな「宝」がある、ということを改めて認識いたしました。

　何よりも広島カープです。「カープ」というと、「たかが野球のことだけじゃないか」と考える人がいるかもしれませんが、そういう方は、考えがまだ十分ではありません。広島カープに秘められた潜在能力というのは、実は、学問的観点からも非常に替えがたいものがある、と常々思っております。私は、研究生活を始めて40年を超えますが、長年学問をやってきて、呉市にある海上保安大学校時代の7年間を加えると、広島県と関係ができて以来、約33年間、カープのことを忘れたことはありません。そうすると、「どうしてこんなにカープにこだわるのだろうか」と、自分を問い直したときに、わがままな考えかもしれませんが、そこに、単に1野球ファンというだけではなくて、何かより大きな魅力があるのではないか、ということに、最近気が付きました。1つは、もちろん、「地元密着性」というものがあります。それともう1つ、今日のテーマに関係がありますが、「持続可能性（sustainability）」です。何よりも、原爆による廃墟から立ち上がったカープという市民球団が持っている独自の性格で、企業主の営業に左右されずに地道ながらも自前でチームを育てる、選手を育てる、というスタイルです。もちろん、有力選手がFAで他のチームに引き抜かれたりして、「この野郎！」と思

うこともあるのですけれども、それでもなおずっと基本方針を変えずに努力を続け、ある程度の評価を得て、「今年はそれが開花しつつある」ということを実感するわけであります。これは、今日の講演のキーワードの1つである「持続可能性」と繋がるのではないか、と思います。

　昨今、いわゆる「カープ女子」という言葉が流行っておりますけれども、私は、「別にこれは単なるブームではない」と思っています。この21世紀という不確実性の時代にあって、「持続可能性」という視点からみると、うなずけるものがそこにはあります。広島市のマツダスタジアムはもちろんでありますが、神宮球場、東京ドーム、セ・パ交流戦の際の西武ドームといった関東の球場に行っても、カープファンの女性が実に元気が良くて、神宮球場に至っては半分くらいが赤い帽子・カープのユニフォームを着用しているという状況です。広島に縁のない人でも、熱心にカープの応援をしています。何が共感を生むのでしょうか。それは、やはり選手を簡単に見放さずに基本からきちんと育てていくということ、そして「質の確保」を目指して育てていくということ、この2つがそこに秘められているからではないか、と最近思うわけでございます。

　それから、サッカーJリーグのサンフレッチェ広島も大事です。広島には、プロ野球チームもあるしプロサッカーチームもあります。毛利元就の「3本の矢」に由来するサンフレッチェは、ここ数年、特に成績が安定して、優勝もここ数回経験しておりますが、有力選手が引き抜かれてもなおチームの質を維持するという構造が続いており〔2016年度段階まで〕、これまたヒントになるわけです。

　(3) 医療も同じで、スーパードクターが1人いれば持続的に医療の安全確保ができるかというと、実はそうではないわけです。いろいろな医療事故を分析してみると、その医師が実は大変すごいスー

パードクターでしたが、その人1人に頼りきっておりますと、その人が医療ミスをしてしまったところ、全体がガタガタになり、「なんだ、この病院は、こんなにもろかったのか」ということがときおりあります。さきほども群馬大学病院の医療事故の話がありましたが、あのドクターの方も結構現場ではバリバリやるタイプだったということでして、しかし誰も暴走を止められなかった、という事情があったようです。医療安全というのは、やはりチームなり組織でいかに対応して確保するか、ということであります。チームなり組織で対応しないと医療の安全確保はできないわけでありまして、スポーツでも、特に球技は同様であります。医療安全をどういうふうに確保し、維持していくか、ということを考えるときに、各メンバーにはいろいろ役割分担があるのですが、それらに関わる人が共通の問題意識と危機意識、つまり安全性を志向した意識という共通点を持っておかないと、全体が良くならない、と思います。特に医療に関しては、やはり安全性が第1だ、と思います。それが、信頼性に繋がるわけです。

　そういうことを考えますと、広島市には身近なモデルが毎日蠢いている、と言ってもよいかもしれません。そういうことで、私も長年、カープが勝ったときだけですが、手帳には何対何で勝ったか、勝投手は誰か、勝因は何か、を赤文字で書き続けています。本当は敗因を分析すればよいのですけれども、さすがに長い「暗黒時代」を経験したので、頭が痛くなることから、負け試合は手帳には書きません。けれども、それを長年続けていて気付いたのは、医事法と何か共通点があるということでして、そうすると学問もますます面白くなりました。「なんだ、いろいろ難しいことを考えるより、身近なことを素材として取り組めば、意外と発見も多く、身構えなくても研究ができる」と思うようになりました。身構えなくても研究

ができるということが大事です。毎日毎日過剰に神経を張り詰めますと、これはまた持続可能性がなくなるわけです。

(4) もう1つ、広島は、ご承知のとおり、平和都市だということです。やはり「平和でなければ持続可能性もない」ということは、間違いないことであります。最近、先進国首脳会議が広島市で行われたということで、非常に意義が深まったわけでありますが、こういう歴史を持つ広島から、医療問題について、医学分野だけではなく、社会科学という観点からも発信するということの意義は、私は相当に高いと思います。世界的にも広島の知名度は非常に高いわけですし、こういう観点から考えてみますと、いろいろな展望が見えてきます。

● 2 持続可能な医療安全確保の意義

(1) さきほど言いましたように、医療は持続可能でなければなりません。「sustainability」という言葉は、環境を破壊することなく資源の利用を持続するということで、特に環境法の分野で使われておりました。環境問題と医療問題、両者には共通点が相当にある、と私は思っています。

(2) さきほど、瀧敦弘社会科学研究科長の話にもありましたが、それこそ古くは、学問としましては、法学、神学、哲学、医学が中心でした。特に医療と法は、おそらく今後も人類が生きていくうえでなくなることはありえない、と思われます。そうすると、「持続可能性」を抜きにしては語れない、ということであります。とりわけ医療安全ということを考えますと、いかに効率よくその安全性が確保できるかということ、そして質の確保をどうすればよいかということ、これらの「sustainability」というものを基本的視点に置いて問題を考えないと不十分であり、短期的な視点だけで、何か派手

193

なことをやっていればそれでよい、というわけではありません。日常、地道ながらいろいろな医療分野があります。それらを着実に、安全性を確保しながら実践していく、ということが必要になってくるわけです。さきほど紹介がありましたけれども、あくまでも私の専門は、刑法と医事法というものであります。特に医事法というのは、「持続可能性」ということと深く関わる、ということを最近とみに自覚をしております。社会が発展していくためには医療が不可欠ではありますが、そのときに誰がそれ支えるか、ということです。それを支えるためには、実は制度が必要です。それだけに法的・制度的枠組みも考えざるをえません。そうすると、医療関係者だけで考えても、これには限界がある、と思います。法学、経済学その他周辺の社会科学が医療分野の方々とコラボレーションをして取り組んでいくということが大事だ、と思います。

（3）私は、比較医事法の調査のために海外にしばしば行きますが、──すべての国とは言いませんが、──しかるべき医療制度を維持している国は、医療関係者でも、相当に法律の勉強をしております。あるいは、医療制度全体や医療経済について、普段から勉強しています。日本はどうかというと、そういう方もおられますが、層としては薄く、──医学的にはきわめて有能であることは世界中が認めておりますが──社会科学的な側面については、どちらかと言うと煙たがられる、というところがまだあるような気がします。これを突破するにはどうすればよいか。ここ広島に開設されたこのセンター、これが機能すれば、そういう壁を突破するのではないか、壁を突破して多分野でコラボレーションして対応すれば、うまくいくきっかけになるのではないか、いうふうに思います。これによって、いわゆるポストゲノム社会、高齢社会でも、医事法なり生命倫理と医療全体の繋がりができてくるのではないか、と思います。

194

3 持続可能な医療安全確保のための3本の矢

そこで、持続可能な医療安全を構築するには何を考えるべきか、というと、それこそサンフレッチェ、「3本の矢」です。まさに「3本の矢」というのは、ご承知のとおり、毛利元就の息子3人に由来する「3本の矢」から来ているのであって、まさに広島はお膝元です。したがいまして、これは、広島からどんどん発信していった方が良い、と思います。

ここで、「3本の矢」は何であろうか、ということを考えますと、「第1の矢」は、「持続可能な医療供給体制」であります。医療供給というのは、実はいろいろな意味あいがあって、これには広い意味で社会保障も入ります。どういうことかと申しますと、まずは人の供給、人的供給です。質の高い医療者をコンスタントに供給しなければならない、ということが挙げられます。それから、技術の提供、物的な施設の提供、こういうものが不可欠であります。もちろん、今でも日本は、この点で相当進んでいるところがあります。ところが、ご承知の方もいるかと思いますが、人口の減少とか、高齢社会を迎えての年齢層のアンバランスということで、今、地域医療構想について、国を挙げて病院の施設の配置も含めて検討がなされております。従来どおりの心積りでは立ち行かない、という事情がそこにあります。これに関して、どういう制度で、どういう地域に、どういう病院を置いて、バランスよく対応するか、ということをおそらく長期的に考えていかないと、数年先とかいう短いスパンで見るということでは多分実現は不可能です。やっぱり20年先、30年先を見据えて、年齢層とか人口予測といったものを見据えてやっていくことが重要であります。

「第2の矢」は、持続可能な安全な医薬品の提供、法律が「薬事

195

法」から「薬機法」へと変わりまして、医薬品だけではなくて、医療機器も入りましたので、「持続可能な安全な医薬品・医療機器の提供」です。あとからもお話があるかと思いますが、医療機器の中にはロボティクスも入ります。これについては、現在私も研究しておりますが、ロボットスーツという器具も利用され始めたようです。日本は、技術力はあります。しかし、新たな技術を開発するのですけれども、応用力では外国に持っていかれる、というところがあります。これではだめでして、せっかくの技術を活かすためには、やはり安全性の評価をきちんとやったうえで、臨床にも使えるという仕組みが必要です。これは、医薬品も同様です。もちろん、薬には副作用があるわけですけれども、可能なかぎりリスクは最小限に抑える、という体制をどう作っていくか。これが、「第2の矢」です。

「第3の矢」は、「医療安全体制の確立」です。本日は、これが私の話の中心になります。通常行う医療の安全体制も、「ミスがゼロ」ということはありえません。相当のリスクが付きものです。ただし、ご承知のとおり、あとからも出てきますが、「人は誰でも間違える」という前提で考えた方が良いですね。その中で、いかにミスを最小限に食い止めるか、いうことです。そうすると、防げるミスというものが減ってくるわけです。複数の人がいても、やっぱりミスはありうるわけです。これは、決して恥ずかしいことではありません。そうはいっても、医療になりますと、命に関わりますので、事は、そう簡単ではありません。しかし、何ら策を講じないわけにはいきません。これをどう考えるか、ということであります。

　これらを頭に入れて、総合的に「3本の矢」をいろいろな機会に多角的に考えていくことが、おそらく重要になってきます。そうすると、この度開設された「広島医療社会科学研究センター」というのは、まさにこれにぴったりのモデルではないか、というふうに私

は思っております。私は、この講演を依頼されたときに、いつものようにカープの試合を CS 放送で見ながら、すぐにこのテーマが頭に浮かびまして、構想も意外とぽんぽんと決まって、吉中信人先生に連絡を差し上げた次第です。

● 4　医療安全に関連する最近の動向

さて、医療安全に関する最近の動向を簡単にまとめておきます。ここ数年、さきほども言いましたけれども、いろいろな制度が、今、動いております。2015年には、「持続可能な」という用語が、法律名で使われるようになりました。「持続可能な医療保険制度を構築するための国民健康保険等の一部を改正する法律」ができたりしまして、①国民健康保険の安定化、②小枠高齢者支援金の全面総報酬割の導入、③負担の公平化等、④その他〈所得水準に応じた補助率等〉、4つのファクターが挙がっております。国民健康保険の安定期間ほか、こういうものも、法律で盛り込まれておりますし、昨年2015年には、同じく「地域医療構想策定ガイドライン」ができました。これは、さきほど申し上げましたが、人口格差や高齢社会において、地域での病院の配置のバランスも含めて検討されてできたものですが、これも結構難しいところがあります。「病院」と言っても様々です。大学病院、国公立の病院、その他民間の病院もありますので、一律にはいかないため、なかなか軽々に線を引いて決まるものではないのですけれども、こういうものは、広い観点から議論するという「場」が必要です。そういう検討を加えるときに、こういうセンターをやはり1つの「場」として活用することが不可能ではない、と私は思っております。

2015年に、医療事故調査制度が始まりました。昨年の10月からです。これについては、また最後に話しますので、詳細はそちらに譲

197

りますが、2015年は、まさに大きな転換の年でありました。それと、このセンターができたというのは、何か宿命ではないか、と私は思います。そういう意味では、このシンポジウムは、タイミングは良いし、今後の展望を考える絶好の機会ではないか、というふうに思います。

● 5　医療安全に関する法的現状

（1）医療安全とは何か

さて、医療安全に関する法的現状について多少お話をいたします。医療安全とは何か、というと、これが簡単ではなく、結構難しいわけです。よく使われる言葉に、「安心」という言葉があります。「安全」と「安心」、私はこの両者をしばしば区別して使います。「安心」というのは、印象なり気持ちの問題です。その前提として「安全」がないと、やはりだめですね。「安全」と「安心」をひとくくりにする議論というのは、どこか間違いをもたらすことがあります。何よりも、やはり「安全」です。「安全」があってはじめて、信頼して医療を受けられる、ということになります。それは、医療だけではありません。交通機関でも同じですし、その他いろいろなリスクを伴う活動についても、同じことが言える、と思います。広く言えば、治安の維持だって本来は同じであろう、と思っております。

さて、医療事故について考えますと、法律家にも責任があるわけですが、従来、個人責任を追及することばかりに汲々としてきました。これは、「20世紀モデル」、すなわち「個人モデル」と言ってもよいでしょう。これは、仕方がないところがあります。法体系からして、刑法は、個人責任が原則である以上、これは、やむをえないことです。それは、あくまで1件の事件を処理するということではそうなんですが、全体の医療制度あるいは医事法全体から見ますと、

それだけでは不十分です。そこで、20世紀末くらいから、「組織モデル」というものが強調されてきました。私も、過失犯の研究をやりながら、「組織モデル」を取り入れて活用していけないか、と考えつつ医療安全の研究をしてきたわけであります。

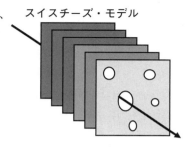

スイスチーズ・モデル

そこで、よく使われる「スイスチーズ・モデル」と「スノーボール・モデル」について触れておきたいと思います。私の話を1度聞いたことがある人は、「ああ、あれか！」と思われるかもしれませんが、これは、やはり弱い時期の広島カープから学んだことが非常に大きかったです。これらのモデルは、社会心理学者ジェイムズ・リーズン（James Reason）が考えたモデルで、ここでは簡略化したものを用います。正式な図は、もっときちんとしています。

「スイスチーズ・モデル」は、ご承知の方も多いと思いますが、例えば、ここに6枚のスライスチーズがあります。それらの小さい穴は、6人のそれぞれのミスです。それぞれの人がどこかでミスをする、という見立てです。6人もいれば誰かがミスをカバーしてくれるので、何事もなかった、というのが通常でしょう。ところが、大事なことをみんなが共通してついうっかり見過ごしたという場合に、この大きな矢印にあるように、事故の航跡と言いましょうか、これが示しているとおり、誰かが気が付いてくれる、とみんなが思ってしまうことがあります。「私もあなたを頼りにしていました」ということで、みんな、「自分は気づかなかった」ということになります。その結果、いつの間にか大事故に至った、ということが意外と多いわけです。私は、過失犯の研究についても30年間以上やっ

ておりますが、大事故が発生するときは、大体そういう傾向があります。「誰かがやってくれているはずだ」ということは、もちろんあるわけですが、それは当然、誰かが自己の役割ないし機能をきち

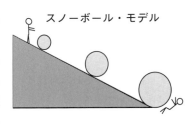

スノーボール・モデル

んと果たす、という役割分担（分業）がなされていること（「信頼の原則」が働く場合）が前提です。ところが、それが働かない場合もある、ということを想定していないといけません。

　もう1つのモデルは、「スノーボール・モデル」です。これは、ミスを雪だるまに例えていますが、ミスが小さいうちに発見すれば、誰でも止められます。ところが、気が付いて「まあいいや」と思って最初の段階のミスを放っていきますと、雪だるまが知らず知らずのうちに大きくなっていきます。ここで気が付けば、「まあなんとかぎりぎり止められるかな」と思いますが、最後の段階に来ますと、もはやどうしようもないですね。プロ野球でいえば、カープの昔の津田恒美のような「炎のストッパー」がいれば別で、奇跡的に結果発生を止められるかもしれません。あるいは全盛期の阪神の藤川球児ですね。しかし、藤川も昨日、新井貴浩からヒットを打たれましたね。ということで、凄い投手でも限界があります。これは、個人を当てにしすぎては限界がある、ということを示す良いモデルです。やはり早い段階で止めないと、大事故に至りうる、ということであります。とりわけこの2つのモデルが組み合わされると、大事故に繋がるわけであります。

(2) 広島カープの試合から学ぶ医療安全

　カープの負け試合の敗因を丹念に見ていると、こういうことが意外と多いです。今のチームは、守備は実に良いです。セカンド菊池、

ショート田中、センター丸、「タナキクマル」と呼ばれるこのセンターラインは、非常に取りこぼしが少ない。「安全」なるがゆえに「安心」して観ていられる守備体系ですし、バッティングも良いです。ところが、弱かったころの前の世代では、セカンドがエラーすると、ショートもエラーをするし、サードの新井までエラーする、という「ミスの連鎖」、すなわち「過失の競合」がありました。結局は大敗という苦い観戦経験が何度もありました。私も、子どもを連れて、旧市民球場に相当通いましたが、1回の表で数点取られて、「ああもう負けそうだ」と、開始直後からそういう思いをした試合がたくさんあります。当時は、感情的に「なんだ、情けない」というふうに思ったのですが、これが年に2回、3回ならともかく、何度もこのような経験が続きますと、応援している黒田博樹や前田智徳をはじめ、個々の良い選手はたくさんいるのに、「こういうことが繰り返される原因は何だろうか」、「監督過失だろうか」、と学問的観点から本格的に敗因分析を始めたわけです。自分がやってきた過失犯の研究も、どうもそのあたりからやらないと、「有罪か無罪か、という刑法理論だけやっておしまい」となるようなものではなかろう、ということにある日気が付きまして、それで本格的にカープと結び付けて安全確保に向けた研究を始めた次第です。これがやっと今、報われつつある、というふうに言った方が良いですね。優勝できるかは、まだわかりません。かつて10.5ゲームの大差を長嶋茂雄監督の巨人にひっくり返された苦い経験（いわゆる「メイク・ドラマ」）がありますから、安心できません。「安全」のためには、やはり機能するシステムとしての確固たる基盤の確保をしなければいけません。

　ところで、「ハインリッヒの法則」については、多くの人がどこかで聞いたことある、と思います。医療現場でよく使われます「ヒ

ヤリハット」も、これに関係します。重大事故が1件ありますと、
ニアミスが29件あり、「ヒヤリハット」は300件ある、と言われてお
ります。このとおりの数値が出るわけではありませんが、概ねこう
いう傾向はあるわけで、やはり重大事故の周辺には、ニアミスがや
はりこの程度あるわけです。航空機事故も、しかりです。その段階
を超えると、重大なインシデント発生に繋がってしまう可能性が高
いです。例えば、ガーゼを体内に残していたという事故があります
けれど、医療現場では「ヒヤリハット」の段階で、誰だって気が付
けば、ガーゼの数え方とかをきちんとやっていれば、枚数が足りな
い状況を確認できるわけです。横浜市大病院患者取り違え事件のよ
うなあんな重大事故では、おそらく全体的に管理体制に大きな欠陥
があったということです。あとからこれもお話します。

　何度も言いますけれども、「人はだれでも間違える」ということ
は間違いない、と言えます。この標語は、アメリカで20世紀末に出
されています。その評価は、人により様々ですが、人間である以上、
「間違えることは間違いない」、と思います。したがいまして、
ヒューマンエラーをいかに防ぐか、ということが、やはり持続可能
な医療安全と結び付くだろう、と思うわけであります。したがいま
して、「安全文化」ということが最近いろいろなところで言われま
すが、「安全文化」を医療の領域でいかに確立するか、が重要です。
これは、今からは文化の問題だと思います。法律、特に刑法は、後
追いです。事故が起こってから「さあどうするか」ということで処
罰の可否や対策を練るということになります。しかし、医療安全を
支えるのは、「安全文化」がきちんと根付くかどうか、に係ってい
ます。21世紀の「成熟した市民社会」では、「安全文化」というも
のをあらゆる分野の人が身近で共有するということでなければなり
ません。これを広島のこのセンターから発信するような機会が増え

ればよいな、と思っている次第です。さきほどカープの話をしましたが、もう少し掘り下げますと、何よりもまず、ミスの原因の早期解明です。「ハインリッヒの法則」の話をいたしましたが、早くミスを発見するということは、自覚の問題である、と思います。単純過失は、日常的にあります。野球でも、走塁ミスとかサインの見落としとかがあっても結果的に失点につながらなかったから問題ないではないか、と思って放っておきますと、さきほど言いましたように、気が付いたら、構造的に弱いチームになってしまうわけです。それが、さきほど言った「過失の競合」を生み出します。

　刑法では、「過失の競合」という理論があります。Aのミス、Bのミス、Cのミスがあって、それらが相まって結果が発生すると、全員について過失責任が問われます。「過失の競合」を研究するときは、私は、先ほど述べましたように、必ず野球をイメージして問題点を検討するわけです。これは、結局、管理監督過失における管理者や監督者の過失責任についても当てはまります。今日もフロアーの先生方の中に管理者ないし監督者の方がおられるかもしれませんが、こういう方がやるのは、やはり全体のシステムがどう機能しているか、というチェックです。ここで機能というのは、要するに、安全性に向けてどう機能しているか、ということでして、トップになればなるほど、こういう問題について勉強しておかなくてはならないですね。これは、医療現場で勉強できるものもありますが、社会科学的な視点を持たないと、発見できないようなものもあります。

　では、どこで学ぶか。これは、トップになったから学ぶというのでは遅いわけです。むしろ、医療関係者が中堅どころのころから、もちろん若いときからでも結構ですが、こういう方々が、本センターで本格的に勉強してみようということになれば、何よりです。

このような勉強の場は、必ずや将来活きると思うわけであります。
１度でもこういう基礎を学んでおきますと、医療現場でもポイント
がわかる、と思います。さきほども言いましたように、海外のしか
るべき病院等に何度も調査に行きましたが、医療関係者が相当そう
いう勉強をやっていました。例えば、オランダのフローニンゲン大
学病院に調査に行ったとき、ある医師が言っていました。「私は法
学部も出ています。そして医学部も出て医師をやっています」と。
そういう方は多いそうですね。結構いました。法律だけではありま
せん。経済学をやっている人もおりました。社会学をやっている人
もおりました。こういうふうに社会科学の観点で考えることは、普
段、自然科学系にはあまりありません。社会科学の視点で考えると、
何か広い視野を得ることがしばしばあります。そうすると、全体が
見えてくることがあります。そうすると、いわば医療チームの質の
向上とかが期待できます。

　野球にしても、トータルな質の向上に繋がる工夫をすると、チー
ムは強くなります。例えば、カープの前田健太が抜けてどうなるか
と心配された方もいるかと思いますが、しかし、チーム強化の工夫
が実ったのでしょうか、かえって、その結果は、今のところペナン
トレースの中間段階ですが、良くなっています。これは一体何だろ
うかというと、監督やコーチのみならず、選手１人１人の意識も変
わり、特定の選手に頼らず、システムがより良く機能し始め、それ
に技術も伴って質が上がったということでしょうね。昨年（2015
年）の開幕戦、たまたま広島に出張があって、マツダスタジアムで
カープの開幕戦を観ましたが、前田健太が投げていました。勝つだ
ろうと思って気楽に観ていたところ、負けたんですね。惜しい試合
で、１－０だったんですね。打てなかったわけです。チャンスに打
てませんでした。これは、かつてよくあったパターンでした。今年

は逆で、チャンスにヒットが出ます。こういうふうなシステムの構造転換というのがどうやってもたらされるか、という観点から今年は試合を観ているわけであります。そうすると、１球１打の重要性は、医療に置き換えると、１球というのは日常診療の１回ごとの１人１人の患者に対する医療提供のことでありまして、それを医療チームみんなが確認し合ってやっているか、ということに近くなります。そうかかといって、過度に緊張すると、良い結果は得られません。「適度の緊張」が重要です。馴れ合いにもならず、適度の緊張でやっていければ、これが「持続可能性」につながる、と思います。

　昨年(2015年)は、田中広輔が甲子園球場でホームランを打ったと思ったところが三塁打と判定・修正されたあの場面（試合は延長12回で２対２の同点）が結局Ｂクラスに転落するきっかけになりました。１勝の差でＡクラスかＢクラスかが決まるという、あの教訓を忘れてはいけない、と思います。「勝つだろう」と漫然と思わず、誰がみても勝つという試合をきちんとものにしていく姿勢が大事です。医療に置き換えますと、医療に関しましては「不確実性」という前提がありますから、野球のとおりにはいきません。あくまでもこれは、「モデル」の話でありますが、そういうような余裕をもって可能なかぎり「医療安全」というものを獲得していくことが大事であります。今年(2016年)は、６月４日の西武戦で「コリジョンルール」が適用されましたが、これも――中には批判する人もいますが、――見ようによっては「持続可能性」という観点からは、そのためにできたルールのように思います。放っておくと走者と捕手がぶつかって怪我をするし、場合によっては骨折したりします。そうすると、プロ野球全体にとっても選手の負傷ということで、やはりマイナスになるわけです。「持続可能性」という観点からこの

ルールを取り入れた、と言えましょう。ところが、「やっぱり野球のスリルが失われる」、と言う人がいますが、球界としてはこのルールの導入を選んだわけです。このルールを球界ではじめて使って勝利を得たあの一戦、カープは、あれ以来7連勝ですね。あの勝利は象徴的です。もし、今年優勝することになったら、あの勝利は大きな転機であった、と言われるでありましょう。あれは、緒方孝一監督が春の合宿からずっと検討していたらしいですね。河田雄祐外野守備走塁コーチが春のキャンプからそういう事態を想定して訓練をずっとやっていたようですが、あの姿勢は、勝利と安全性に向けた危機管理意識ですね。いかに1点を取るかということに使命を燃やして、選手もそれを自覚してやったということの表れであります。「コリジョンルール」の「コリジョン」という言葉を聞くと、私は海事刑法の研究もやっていますので、船舶の衝突を回避するルールを定めた「海上衝突予防法」を思い出しますが、安全性確保に向けて衝突を避けるためにどうすればよいか、ということをシステムとして考える必要があります。カープは、その意味で、まさにチームを挙げて安全性の確保とそれに基づいた勝利に向けて邁進している、と考えられます。ここに、医療安全の確立と類似の構造を見ることができ、医療安全に向けたヒントが詰まっている、と思います。

(3) 刑事医療過誤の刑事責任追及の意義と限界

　さて、医療事故に関する法律的な話に移りたいと思います。今日は、法律家以外の先生も多いので、あまり細かい法律論を話すつもりはございませんけれども、今の実定法という観点から見ますと、事故が起きた場合、民事であれ刑事であれ、過失がなければ法的責任を負いません。ところが、過失の認定というのは、そう簡単ではありません。民法上は不法行為（民法709条）や契約違反による債務

不履行責任（民法415条）に基づく損害賠償で決着をつけますが、民事事件でも裁判による紛争処理というのは、ご承知のとおり、時間がかかるし、コストもかかり、大変です。腕利きの医療問題専門の弁護士に頼んで、「何とかギリギリ勝訴」ということはありますが、全体としてはなかなか難しいのが、医療訴訟です。そういうわけで、最近では、ADR（Alternative Dispute Resolution）というものが増えています。ADRという言葉を初めて聞かれる方もおられるかもしれませんが、裁判外紛争処理ということでありまして、訴訟に持ち込まずして決着をつける制度です。これが近年増加している背景には、病院にとっても患者さんにとっても、法廷で長年にわたりエネルギーを使い、金を使い、くたくたになって、結論が勝訴なり敗訴になっても、「もうそんなことはどうでもよい。早く決着をつけたかった。」という事情があります。日本社会は、このADRに馴染みやすい社会的構造ないし国民性がある、と言われております。むしろ、ADRで解決した方が医療の安全性に向けて当事者同士がじっくり話し合うことができる、とも言われています。今後はもっとADRの利用が増えるのではないか、という気がします。私のロースクールの教え子でも、医療ADRを射程に入れた医療問題専門の弁護士が増えつつあります。

　これに対して、刑法上の処理はどうなっているか、と言いますと、業務上過失致死傷罪が刑法第211条1項に規定されています。この罪を成立させるには、因果関係、注意義務違反、予見可能性というものを立証しなければなりません。さらに、行政法上は、免許取消とか免許停止というものがあります。病院単位ですと、病院の資格停止とか特定機能病院の資格停止という処分が待っております。

　こういうふうに、現行法では医療職者に対していろいろな縛りがあります。刑事事件と比較すると、民事事件の方が圧倒的に多いで

す。刑事事件の方が少ないですね。これは当然のことで、健全と言えば健全なことです。刑事事件というのは、刑法の大原則（行為主義、罪刑法定主義、責任主義）がありますので、立証が厳格なため、当然ながら、数が少ないわけです。しかし、1件1件のインパクトは、民事事件と比較すると、刑事事件の方が強いです。刑事事件になると、マスコミでも大きく取り上げられます。何よりも警察が捜査に入ったというだけでインパクトがあります。そのあと送検、起訴、公判、判決、という流れになりますが、事件によってはそれぞれの段階でかなり大きく報道されたりもします。

(4) 注意義務と医療水準・医学水準

　そういう中で、過失の有無をめぐる判断が難しい、という話をしましたが、いわゆる注意義務違反の有無という問題がありまして、どの程度のレベルであれば医療安全を確保できるか、というふうに置き換えて考えていただければよいかと思います。ただ、これについては最近、法曹界や法学界においては大体の一致があります。つまり、全国一律ではなくて、個別性を重視しようという傾向です。最低限言えることは、「悪しき慣行は基準にならない」ということでして、最高裁判所がこれを打ち出して、平成8年1月23日の腰椎麻酔ショック事件判決では、「この臨床医学の実践における医療水準は、全国一律に絶対的な基準として考えるべきものではなく、診療に当たった当該医師の専門分野、所属する診療機関の性格、その所在する地域の医療環境の特性等の諸般の事情を考慮して決せられるべきものであるが、医療水準は、医師の注意義務の基準（規範）となるものであるから、平均的医師が現に行っている医療慣行とは必ずしも一致するものではなく、医師が医療慣行に従った医療行為を行ったからといって、医療水準に従った注意義務を尽くしたとは直ちにいうことはできない。」と述べております（最判平成8年1月

23日民集50巻1号1頁)。この最高裁の考えは、かなり受け入れられ
ておりまして、刑事法上の基準にもなりうる、と私は思っておりま
す。

　ところが、医療関係者は、意外とそこまで十分に知らないことが
多く、法律家とギャップがあります。つまり、いつも完璧な医療を
やらなければならないのではないか、と思っている医療関係者もか
なりおられます。最近は減ってきましたけど、4年くらい前までは、
民事事件と刑事事件の区別もつかない、という方もおられました。
「ミスをするとお縄を頂戴するんですか。」と尋ねられたこともあり
ました。「いや、民事事件と刑事事件はまったく種類が違いますか
ら、ミスをしても逮捕されることはめったにありません。」と回答
したのを思い出します。あるいは「過失とはこんなもんです。」と
説明しても、10年ほど前までは、ピンとこない人が多かった気がし
ます。最近はだいぶ状況が変わりつつあると思いますけれども、詳
細はともかく、最低限のことで、どこでも通用している法律論みた
いなものについては、医療関係者も学ぶ必要がある、と思います。

　では、どこで学ぶか。医療現場ではなかなか医療と法について学
ぶ機会がないようです。そうすると、今回できたこのセンターのよ
うなところを活用すべきでしょう。このセンターは、おそらく通常
の大学院の授業の他にいろいろな講習とか、例えば、サマースクー
ルのようなものも実施できるのではないか、と私は期待しておりま
す。そういうところで、医療専門職に対する特別講座みたいなもの
が開講されると、1週間程度でこういう基本を学ぶことができる、
と思うわけです。

(5) 注目すべき刑事判例

　注目すべき若干の刑事判例を取り上げてみましょう。もちろん、
1個人を処罰して、これで「一件落着」という事件もあるのですが、

実際は、そうではなくて、誰かを処罰してもなお、もっと根本的な問題が残るのではないか、と思わせる事件もあるように見受けられます。例えば、①京都大学付属病院のエタノール事件（第1審：京都地判平成15年11月10日、第2審：大阪高判平成16年7月7日：いずれも判例集未登載）では、若い看護師さんがこの病棟に配置されて間もなくして起きたわけですが、エタノールと滅菌水を取り間違って患者さんにエタノールを注入させて死亡させた、という事件であります。本件では、看護師さんが禁錮10月執行猶予3年という刑に処せられましたが、よくよく事実を調べてみると、管理体制に相当問題があったことが判明しました。天下の京大病院において、その看護体制たるや、日常的にそういうエタノールと滅菌水を雑然と置いてあったということです。そうすると、たまたまそこに配置された新人看護師は、いわば構造的にミスを犯すためにそこに配置された、と言ってよいような事件であった、と私は考えております。では、看護体管理体制はどうなっていたのか、ということでありますが、おそらくその当時までその病院の看護体管理体制は、——京都大学という名前だけではやはり語れないのですが——安全性を確保した病院とは言えなかった、と考えられるわけです。本件は、そういうことを教えられた事件でもあります。

　②慈恵医大青戸病院事件（東京高判平成19年6月5日判例集未登載）は、ご承知の方が多いかと思いますが、前立せんがんの患者に対して経験したことのない腹腔鏡手術を3人の医師が無謀にも実施して患者を死亡させた事件です。本件は、まさに無謀な過失の典型事例です。本件では有罪やむなし、ということは多くの人が認めているところであります（禁錮1年6月執行猶予4年）。問題は、こんな無謀な手術をどうして病院はやらせたのだ、ということにもなるわけです。誰かがこの手術を止められなかったのか、ということです。

210

本件を反面教師として考えてみますと、やはり、「やったことのない手術を簡単に引き受けるな」ということを誰が言うか、です。それは、病院管理者ではないでしょうか。最近の群馬大学病院の事件も、担当医がベテランであったという点で、本件と必ずしも同じではありませんけれども、相当なリスクを顧みずに実施したという点で、ある種の共通点があるかもしれませんね。この医師は、かなり経験を積まれていたようですが、ゲートキーパーが不在ということであれば、やはり事故は起きるということです。そうすると、やはり組織として構造的欠陥があることがよくわかるわけです。

　他方、過度に法律が厳しいと言われた③福島県立大野病院事件は、産婦人科の医師が胎盤剥離手術をした結果、産婦の方が亡くなった事件です。本件は、産婦人科医が逮捕されたという衝撃が医療関係者にありました。これは、かなりインパクトがありまして、産婦人科医を中心に、「通常の医療行為を実施した医師を逮捕するとは何事か！」ということで、日本産科婦人科学会と中心に抗議活動が起きました。本件のような事案を警察段階でどう処理するか、という問題がクローズアップされたわけですが、警察関係者も医療事故の問題を勉強しなければなりませんね。少なくとも刑事訴訟法上は、刑事裁判所法規則144条の3があって、明らかに逮捕の必要がない場合がどういう場合か、が導けるわけであります。そうすると、逃げも隠れもしないような場合に逮捕したり、証拠隠滅のおそれがない場合に逮捕することはできないわけです。加えて、医師を逮捕することにより、地域医療が麻痺することだってあるわけです。したがいまして、警察関係者も、特に医療事故に関する刑事事件の処理について幅広く学んでおく必要がある、と思います。結果的に本件は、無罪になりました（福島地判平成20年8月20日医療判例解説16号21頁）。当初から本件は、私を含めて無罪ということが推測されて

おりました。いずれにせよ、本件は、刑事手続において、捜査当局が医療に過度に干渉するとことの問題性を考える教訓になった事件でした。これが持続可能な医療安全を逆に脅かすこともある、ということです。やはり医療現場の人もこのことを教訓として知っておかなければならない、と思うわけです。

　それから、典型例として、④横浜市大の患者取り違え事件はあまりにも有名ですから、ご承知の方も多い、と思います。肺を手術する人と心臓を手術する人を——年齢はそれぞれ74歳と84歳で10歳違いでしたけれども——取り違えて手術をしてしまった、という有名な事件であります。これも、事後的に見れば、いわば起きるべくして起きた、と言えましょう。看護関係の方もフロアーの中にはおられますが、夜間当直は勤務が厳しいですので、いろいろと工夫して割り振りをしてやられているのですけれども、本来担当でない患者さんを急遽担当することがあり、この事件でもそういうことになりました。当直看護師Ａが、本来担当でない患者さん２名を朝８時40分に１人で２人を７階の病棟からストレッチャーでエレベーターを使って手術室のある４階のフロアーに運んだというところから始まったわけです。しかも、カルテもバラバラに運んだようです。４階の手術室交換ホールで待っていた看護師Ｂは、引継ぎを受けたとわけですが、術前訪問して、ちゃんと名前も確認しているはずなんですけど、この人がよりによって患者を間違えてしまいました。それがまさにミスの連鎖を促進しました。ミスは連鎖することがあるわけですね。その周りの看護師たちも、「あの人が言うんだったら間違いない」ということになり、患者ＡさんとＢさんはそれぞれ入れ替わる形で手術室に入って行ったわけです。「あの人が言うんだったら間違いない」という単純構造から事故を防ぐシステムをいかにして構築するか、が重要です。むしろ「あの人も間違えるか

もしれない」という前提で、誰かもう1人が「念のためもう1回確認しましょうか」と言うことができる環境であればよかったんですけれども、それが言えない雰囲気が、さきほど言った「安全文化」と関わるわけです。同じ医療チームのメンバーであれば、これを分け隔てなく、地位に関係なく、こと安全性に関わる場合には、誰でもずばずば意見を言うことができる「安全文化」の風土を作っていかなければならない、と思うわけであります。もちろん、それ以外の意思決定には組織上従わざるをえませんけれども、こと安全性に関しては、やはり気が付いた人がどこでも意見を言うことができる体制を作らないと、そこから先、医師も間違った方向に行く懸念があります。

　さて、本件では、片方の手術室では最後まで取り違えに気付かず、もう片方の手術室では途中で気が付きかけたわけです。一番若い麻酔科医が「人違いじゃないですか」と問題提起をしました。外見や所見から、一応の確認措置を講じたのですが、結局は、確認が十分でありませんでした。そこでストップして丹念に患者の同一性を確認しておけばよかったのですが、主治医は手術を急ぎ、早く終わらせようとしたのか、髪の毛もヘアスタイルが違うなど、所見上いろいろ違うことがあったのですが、「まあいいだろうと」と周りも思ったのでしょう。フロアーにはおそらくドクターの方もおられるでしょうが、専門職のみんなが、「まあいいじゃないか」と思うところに落し穴があります。さきほど言った「スイスチーズ・モデル」、あるいは心理学上のいわゆる「リスキーシフト」というものが起こるわけですので、みんな反対しにくくなり、「では、いいだろう」ということになりがちです。そこのところで「ちょっと間違っているよ」と言う人がいれば、これが安全文化の決め手になるというわけです。いわゆるリスクマネージャーと言ってもよいかも

しれませんが、そういう人材を育てる必要があると思います。現場でのリスクマネジメントは、いろいろあります。

結果的に、この若い麻酔科医は、第1審で無罪でしたが、第2審および最高裁で有罪になっています（最決平成19年3月26日刑集61巻2号595頁）。私は、第1審の無罪判決の方を評価しております。ここから先は過失犯論になりますから、詳細は割愛いたしますが、私は、過度の「過失の競合」による処罰を回避するために、「過失犯からの離脱」という理論を提唱しています（甲斐克則『医療事故と刑法』（成文堂、2010年）112頁以下参照）。

最後に、⑤埼玉医大抗がん剤事件では、医師に明らかなミスがありました。滑膜肉腫の16歳の患者さんに対して、治療経験もない耳鼻咽喉科の主治医が文献で調べたあとに抗がん剤を1週間に1回投与すべきところを1日1回、毎日投与というふうにカルテに書いたため、しばらくして副作用で患者さんが死亡したという事件でした。しかも、その医師だけではなくて先輩の助手および耳鼻咽喉科の科長・教授まで3人あわせて有罪となりました（最決平成17年11月15日刑集59巻9号1558頁）。本件は、「過失の競合」事案です。結論自体は誤りがなかったと思いますが、広い観点からみると、医療安全という意味ではやはり問題があります。単に有罪とすることで決着するのではなくて、これを教訓にするにはどうすればよいか。チェック体制を含めて、もう少し安全性について誰かが疑問に思って違う観点からチェックするということができなかったか。こういう点について、具体的な事件を素材として学ぶチャンスはあると思います。こういう問題をどこで学ぶかというと、医療現場で学ぶ機会があれば一番良いのですけど、それが無理だとすれば、やはりこのセンターのような場が相応しいですね。医療事故を医療安全と結び付けて集中的に検討をしてみてはどうでしょうか。本センターは、

このようなことをやる場になるのではないか、と思うわけです。

● 6　医療安全確保と医事法のパラダイム転換

(1) 医療事故と医事法の役割

さて、以上の確認を前提として、医療安全確保と医事法のパラダイム転換についてお話ししたいと思います。これは、かねてから私の懸案課題でもありますし、最近はかなり共通認識になっております。医療事故を考える際に、医事法的観点から3つの点が大事です。ここでも、まさに「3本の矢」です。

1つ目は、原因解明であります。これは、何も医療事故に限りません。災いが自分に降りかかると、総じて人間は、「どうして自分に災いが降りかかったんだ」というふうに思うわけです。そして、その原因がわからないと、もやもやします。原因を真剣に調べてもわからないときは、「やむをえない」と思うのですが、十分調べてもいない、あるいは調べても教えてくれない、ということになりますと、不信感が募ります。そうすると、被害者は、「あとは訴訟で決着をつけようか」となっていきます。アメリカが訴訟社会と言われていた20世紀は、そうでした。しかし、さきほど取り上げた「人は誰でも間違える」という報告者が出て以来、アメリカは、モデルチェンジをしました。医療機関では、原因がわかったなら、早めに被害者に伝えよう、という方向に舵を切りました。

また、2つ目は、「もし病院に責任があるとしたら早めに謝罪しよう」、というふうに方向転換をしたことです。訴訟で解決すればよいというわけではないことが、アメリカでも強く言われるようになった次第であります。

さらに、3つ目は、むしろ、再発防止ないし事故防止にウェイトを置いて、被害者も病院と一緒になって、「どうしたら事故を防げ

215

るか」ということを考えるべく、大きなパラダイム転換をしたこと
です。

　つまり、医療安全については、1件1件、訴訟を起こして長く裁
判をやることが良いとは限らない、ということです。このモデル
チェンジは、参考になります。多くの国で、このモデルを参考にし
始めております。各国のこうした動向は、日本でもだいぶ紹介され
てきてはいます。医療現場に定着しているところもありますが、全
体としては、まだ不十分です。それでも、ここ数年でかなり変わっ
てきました。つまり、私も医事法を専門としている者ですが、医療
の領域で法律にはやはり限界がある、ということを知ってもらわな
ければいけない、と考えています。いかに裁判であっても、もし証
明できなければおしまい、ということになって、「何だ、法律は！」
というふうに無力感を感じる人が出てきます。法律には、そうした
限界がもともとある、ということも知ってもらわなければいけませ
ん。法に頼れば正義が全部実現できる、とは限らないわけでして、
むしろ、医の倫理とか生命倫理の方が効き目がある場合もあります。
ただ、倫理というのは制裁がありませんから、限界もあります。そ
こで、それぞれの限界を自覚したうえで、相互補完的にトータルに
医療安全に向けた効果を考える必要があります。つまり、複眼的視
点が大事であります。そういうものを考えるのが、このセンターの
役割ではないか、と思うわけであります。いろいろな専門家がこの
センターには集まって、今から医療安全に向けて貢献していくとよ
いでありましょうし、また、その格好の場ではないか、と思うわけ
です。

(2) 医療事故の届出義務(都立広尾病院事件参照)と医療事故防止の諸施策

　それから2番目は、医療事故の届出義務という難しい問題があり

ます。これは、法律の解釈論の問題でもありますし、政策論の問題でもあります。この議論のきっかけとなったのは、東京都立広尾病院事件です。これについてもご存じの方が多い、と思います。ベテラン看護師（当時は看護婦）2名がヘパリンナトリウム生理食塩水とヒビテングルコネートという消毒液を間違って点滴したため、患者さんが死亡した、という事件です。患者さんは明らかな看護ミスで死亡したので、医師法21条の医療事故の届出義務、つまり異状死体を発見した医師は、24時間以内に所轄警察署に届け出なければならないという規定に違反しますと、罰則規定（33条）により処罰されます。この規定は、従来あまり使われませんでしたけれども、この事件では使われました。それ以前にも数件ありましたけれども、特にこの事件で注目が集まったわけです（詳細については、甲斐・前掲『医療事故と刑法』271頁以下参照）。病院関係者は、当初は届け出るということを考えていたのですが、病院長と主治医が翌朝の途中になってやはり届出をやめようということで、死因を「事故死」から「病死」へと死亡診断書を改ざんしてしまいました。これが結局、墓穴を掘ってしまい、虚偽公文書作成罪・同行使罪（刑法155条1項・156条・158条1項）と医師法21条違反のいわゆる共謀共同正犯で病院長と主治医が有罪となった事件です。病院長は、憲法38条1項で保障するいわゆる自己負罪拒否特権、つまり自己に不利益な供述を強要されないという憲法上の権利に医師法21条が違反するのではないか、ということで最高裁判所まで争いましたが、最高裁判所は、医師免許の公益性を根拠にして憲法違反ではない、という結論を出しました（最決平成16年4月13日刑集58巻4号247頁）。

　さてそこで、医師法21条は一体どうなるのか、という問題を考える必要があります。「医療関連死」という言葉が、ここ数年、使われるようになりました。医師法21条は、異状死体、すなわち、殺人

217

とかその他の犯罪が原因で死んだ場合を想定しているので、医療事故で死亡した場合は別ではないか、ということで、医療事故を特別扱いするために「医療関連死」という特別条項を作れ、という主張が医療界で様々なところから出ております。まだ決着はついておらず、まだ議論が続いています。医療事故だけを特別扱いすることは困難であることから、全面的な賛成はできませんけれども、部分的には賛成できます。要は、医師法21条をどう改正するか、という問題です。ポイントは、どの範囲の医療事故を、誰が、いつ、どこに届け出るか、ということです。医療事故というのは、ご承知のとおり、別に死亡事故だけではございません。医師法21条が想定しているのは、異状死を発見した場合だけです。そうすると、負傷した場合の取決めは、法律上、別にないわけです。そこから抜け落ちております。そのような事態に医師法21条は対応できておりません。そこで、届出をどうするのかについて、日本法医学会、日本外科学会等々から医療事故の届出ガイドラインが出ております。しかし、学会レベルにとどまっていたガイドラインでしたが、実は最近、医療法が変わりました。あとからお話しますが、もう少し広い観点から見ていきますと、これはパラダイム転換ですから、現行法では無理ではありますけれども、いろいろな国でいろいろな試みがなされております。その中には、日本でも参考になりうるものがあります。

(3) 医療事故被害者補償システムの確立

　例えば、ニュージーランドに調査に行ったことがありますが、ニュージーランドでは、世界に先駆けて、医療事故の処理について過失の有無を問わず、被害者の補償を積極的に行う制度になっております。より具体的には、1994年に「保健医療および障害コミッショナー法（Health and Disability Commissioner Act=HDCA1994）」という法律ができて、これに基づいて専門のコミッショナー（Health and Disability Commissioner=HDC）が設立されています。この機関が、医療事故について原因究明を行い、最後に、過失の有無を問わず、補償が必要な場合には、事故補償法人（Accident Compensation Corporation=ACC）を通じて補償を実施し、そこに届出をして、金銭的な補償を行うということを長年やっております（詳細については、甲斐・前掲『医療事故と刑法』254頁以下参照）。これは、「ノーフォールト・システムとも呼ばれ、非常に参考になるのではないか、と思っています。

　日本でも、産科医療の領域では、脳性麻痺の患者さんについて一部これが実施されていますが、全体として、この制度は、まだあまり使われていないようです。もっとこの制度を広めて有効活用できる途はないか、検討すべきでありましょう。多少の相違はあるものの、北欧でもこの制度を活用していますし、オーストリアやオーストラリアでもやっています。このように、いろいろな国でこういう補償制度を導入している国が増えていまして、日本で今後どうなるか、課題の1つです。

● 7　医療事故の法的処理と持続可能な医療安全体制構築

⑴ 医事審判制度の確立

　もう少し展望しますと、医療専門の審判制度、すなわち「医事審判制度」を作るべきだ、というのが、私の長年の主張であります。従来の裁判制度も、よほど悪質なものについてはその途も残してよいのですけれども、通常の医療事故やその他の医療問題については、「医事審判制度」で処理する方策もありうる、と考えます。ドイツでは「医師職業裁判所」が設置されていますが、医師だけでなく、医療に関わるいろいろな専門的な審判をする制度を持っていたらよいのではないか、いう提唱であります。今でも、例えば、海難審判

という制度がありますし、労働委員会とか、公正取引委員会あるいは証券取引委員会とか、こういう制度が実は様々な形で存在しています。今後工夫していけば、医療に特化したそういった制度もできるのではないか、という気がいたします。少なくとも通常の裁判に残すものとしては、例えば、刑事事件であれば、重大な過失による死傷事件、具体的には、経験のない難しい治療を無謀に引き受けて被害を生ぜしめたとか、患者にとってのリスク・ベネフィットに関する情報収集を十分行わずに手術に臨んだために被害を生ぜしめたとか、あるいは安全性を確保せず、功名心とか営利心を優先したために被害を生ぜしめた、というような治療や手術に限定すべきではないか、と個人的には考えていますが、そこまでいくかどうかは、なかなか難しいかもしれません。

現在でもできることとしては、例えば、ミスのリピーターに研修を義務づけることは、日本でも多分できるのではないか、と思います。医師の資格の定期点検も可能でしょう。もちろん、これは、強制的に管理できませんけれども、工夫すればできるのではないか、と思います。こういうものをリスクマネジメントの一環として課すという手もあります。

私が早稲田大学に移籍してから続けている研究会で、もう40回を超えますけれども、「医療と司法の架橋研究会（Bridge between Medicine and Law=BMJ）」というものがありますが、この研究会においては、医療関係者、法学者、弁護士等が参加して、お互いに徹底した意見交換を行っています。そうすると、「医と法の間で、こんな誤解があったのか」という場面がかなりありまして、同じ用語でも結構食い違いがあったりして、勉強になります。相互の誤解をうまく解きほぐす場が必要です。この広島にできた本研究センターは、こういう対話の場にもなりうるのではないか、というふうに思います。

私が広島大学にいたとき、「広島医事法研究会」を10年近くやっていましが、その後途切れていたところ、横藤田誠センター長や吉中信人教授らがこれを再開するようなことも考えておられるようです。是非このセンター使ってそうした対話の場を再開していただくと、意外と共通認識が生まれる可能性もあります。

　それから、医療現場に法律家が入っていくことも、推進した方が良いですね。オーストリアのウィーン大学病院（Allgemeines Krankenhaus der Stadt Wien=AKH）に調査に行ったことがありますが、そこでは法務部の責任者である医事法学者のレオポルト－ミヒャエル・マルツィ（Leopold–Michael Marzi）教授が中心となって、「法律の救急箱（Juristischer Notfallkoffer）」を作成して、医療者が法律を身近で理解できるような工夫をしていまして、効果を上げています（詳細については、レオポルト－ミヒャエル・マルツィ（甲斐克則=北尾仁宏訳）「ウィーン大学病院における『法律の救急箱』の10年――損害処理における経験と変遷」比較法学51巻3号（2018年）71頁以下参照）。事故が起きたら医療職者はどう対応すべきか、ということを救急箱になぞらえてコンパクトな冊子にまとめています。これは良いアイデアです。ロースクール時代ですので、法律家も、事後的に依頼に応えて病院に行くだけではなく、法律家自らが病院のサポートに出向くという方策を考えた方が良い、と思います。そうすると、このセンターの人材確保に弁護士も活用して、月に1回くらい病院に出向いて行って、いろいろアドバイスをすると、このセンターも意外と活用できるのではないか、と想像しています。

(2) 日本での近時の制度改革の動向

　日本では、ご承知のとおり、第6次医療法改正（特に同法6条の10および15）により、2015年10月から「医療事故調査制度」が開始されました。ところが、課題がたくさんあります。何よりも、「予

期せぬ死」というものが届出対象になっておりまして、その射程は一体どこまでか、というのがなかなかわからないわけです。基準を統一する動きがようやく始まったところです。多分今月中にまとめられるのではないですか。

　今年(2016年)4月までの7か月間で、医療事故の届出は、222件あったようです。ところが、制度設計の段階では、年間1300件から2000件だろう、と推測されていました。そういうことからすると、届出数は、予測よりかなり少なかったことになります。少なかった理由は、「予期せぬ死」の基準がはっきりしない、ということでした。そこで、基準をはっきりさせるように、という動きが始まっていますが、これがどこまではっきりすることになるか、という課題が残ります。

　それと、医師法21条との関係、すなわち届出義務と刑事免責との関係があります。これが、実は未解決のままです。さきほど言いました医師法21条のままだと、所轄警察署の警察官も、医療事故を届けられても、どう対応すべきか、難しいわけです。ほかにも事件がいっぱいあるのに、難解な医療事故の処理を任せられても、警察は、実は大変です。ですから、実はそういう負担を軽減するためにも、有効なシステムの構築が必要ではないか、と考えられます。「異状」という文言自体の解釈が大変難しいので、専門的な死因究明制度の確立をもう少し進めることが必要です。2013年4月から、「死因・身元調査法」が施行されていますが、これは、1歩前進でしょう。

　それから、院内事故調査ですが、これは、今でも行われていますけれども、院内事故調査は、下手をすると身内ばかりの馴れ合いの調査になる傾向があることがかねてから指摘されていました。そういうことで、最近のいくつかの病院では、外部の有識者を加えて調査委員会を構成する傾向が出つつあります。こういう風通しの良い

調査を行うように工夫が行われ始めていますが、まだまだ一般化していません。「やはり外部の人が、必要ないときに病院にやってきていろいろ調査するのは嫌だ」、という声もあります。それともう1つは、院内調査報告書を警察が捜査に使えるか、という問題もあります。これは、刑事訴訟法上、議論がいろいろあるわけです。今日はこの点に深入りはいたしませんが、いずれにしても、目的は、医療安全確立にどう使えるかということでなければならない、と思うわけであります。時間になりましたので、このあたりは割愛いたします。

さきほども、「医療事故調査支援センター」ができたばかりだ、と言いましたが、これができたことは、やはり大きな進歩であります。これが今後どう機能するか、ということがさらに重要であります。このセンターの業務内容としては、7つほどありますが（①収集した情報の整理・分析、②情報の整理・分析結果の報告、③調査結果の報告、④医療事故調査従事者への知識・技能の研修、⑤相談、必要な情報提供・支援、⑥医療事故再発防止に関する普及啓発、⑦医療の安全確保を図るために必要な業務）、この中の最後の医療の安全確保のために必要な業務に結局は集約される、と思います。

● 8　おわりに──広島医療社会科学研究センターに期待される役割

せっかくできたものをどう育てるか、が大事であります。いきなり良いものがパーフェクトにできるわけがありません。いろいろな英知を結集して、日本における医療事故調査および支援、こういうものにどう取り組むべきか。そういうときに、広島にできたこのセンターを中心に何らかの形で関連分野や施設と連携を図って対応すると、広島の医療は日本一安全だということになっていくのではないか、と私は思っているわけです。したがいまして、持続可能な医

223

療安全確保を目指して、今日述べたようなことを多少とも参考にしていただければ、広島から全国に発信できる、いや世界に発信できるのではないか、と思うわけであります。そのためには、やはり医学的視点と社会科学的視点という複合的視点が必要でありまして、それを担うのが「広島医療社会科学研究センター」ではないか、と期待をしております。久しぶりに強くなりつつあるカープと同様、持続的医療安全の確保、先端医療の開発に伴う安全確保を支援するために、質の高い人材をコンスタントに出すことが大事であります。野球を観ながら医療安全も考えることができる、というのも結論の１つであります。どうもご清聴ありがとうございました。(拍手)

〔参考文献〕
・中山研一＝甲斐克則編『(新版)医療事故の刑事判例』(成文堂、2010年)
・甲斐克則編『医事法講座第3巻 医療事故と医事法』(信山社、2012年)
・甲斐克則『医療事故と刑法』(成文堂、2012年)
・甲斐克則＝手嶋豊編『医事法判例百選(第2版)』(有斐閣、2014年)
・甲斐克則「診療関連死の警察届出」前田正一＝氏家良人編『救急・集中治療における臨床倫理』(克誠堂出版、2016年)
・甲斐克則「持続可能な医療安全と医事法」楜澤能生編(早大比較法研究叢書)『持続可能社会への転換と法・法律学』(成文堂、2016年)

〈主要著書〉

アルトゥール・カウフマン「責任原理——刑法的・法哲学的研究』
　（九州大学出版会，2000年，翻訳）
『海上交通犯罪の研究［海事刑法研究第 1 巻]』（成文堂，2001年）
『安楽死と刑法［医事刑法研究第 1 巻]』（成文堂，2003年）
『尊厳死と刑法［医事刑法研究第 2 巻]』（成文堂，2004年）
『医事刑法への旅 I』（現代法律出版，2004年）
『責任原理と過失犯論』（成文堂，2005年）
『被験者保護と刑法［医事刑法研究第 3 巻]』（成文堂，2005年）
『医事刑法への旅 I［新版]』（イウス出版，2006年）
『遺伝情報と法政策』（成文堂，2007年，編著）
『企業犯罪とコンプライアンス・プログラム』（商事法務，2007年，共編著）
『終末期医療と生命倫理』（太陽出版，2008年，共編著）
『ブリッジブック医事法』（信山社，2008年，編著）
『企業活動と刑事規制』（日本評論社，2008年，編著）
『企業活動と刑事規制の国際動向』（信山社，2008年，共編著）
ペーター・タック『オランダ医事刑法の展開——安楽死・妊娠中絶・臓器移植』
　（慶應義塾大学出版会，2009年，編訳）
『医事法講座第 1 巻　ポストゲノム社会と医事法』（信山社，2009年，編著）
『医事法六法』（信山社，2010年，編集）
『レクチャー生命倫理と法』（法律文化社，2010年，編著）
『生殖医療と刑法［医事刑法研究第 4 巻]』（成文堂，2010年）
『新版医療事故の刑事判例』（成文堂，2010年，共編著）
『医事法講座第 2 巻　インフォームド・コンセントと医事法』（信山社，2010年，
　編著）
『中華人民共和国刑法』（成文堂，2011年，共編訳）
『医事法講座第 3 巻　医療事故と医事法』（信山社，2012年，編著）
『現代社会と刑法を考える』（法律文化社，2012年，編著）
ウルリッヒ・ズィーバー『21世紀刑法学への挑戦——グローバル化情報社会とリス
　ク社会の中で』（成文堂，2012年，共監訳）
『シリーズ生命倫理学第 5 巻　安楽死・尊厳死』（丸善出版，2012年，共編著）
『医療事故と刑法［医事法研究第 5 巻]』（成文堂，2012年）
『医事法講座第 4 巻　終末期医療と医事法』（信山社，2013年，編著）
アルビン・エーザー『「侵害原理」と法益論における被害者の役割』（信山社，
　2014年，編訳）
『医事法講座第 5 巻　生殖医療と医事法』（信山社，2014年，編著）
『刑事コンプライアンスの国際動向』（信山社，2015年，共編著）
『刑法実践演習』（法律文化社，2015年，編著）
『医事法講座第 6 巻　臓器移植と医事法』（信山社，2015年，編著）
『海外の安楽死・自殺幇助と法』（慶應義塾大学出版会，2015年，編訳）
『臓器移植と刑法［医事刑法研究第 6 巻]』（成文堂，2016年）
『医事法講座第 7 巻　小児医療と医事法』（信山社，2016年，編著）
『終末期医療と刑法［医事刑法研究第 7 巻]』（成文堂，2017年）
『ブリッジブック医事法（第 2 版)』（信山社，2018年，編著）
『医事法講座第 8 巻　再生医療と医事法』（信山社，2017年，編著）
『医事法辞典』（信山社，2018年予定，編集代表）
『企業犯罪と刑事コンプライアンス——「企業刑法」構築に向けて』（成文堂，2018年）

〈著者紹介〉

甲斐克則（かい・かつのり）

1954年10月　大分県朝地町に生まれる
1977年 3 月　九州大学法学部卒業
1982年 3 月　九州大学大学院法学研究科博士課程単位取得
1982年 4 月　九州大学法学部助手
1984年 4 月　海上保安大学校専任講師
1987年 4 月　海上保安大学校助教授
1991年 4 月　広島大学法学部助教授
1993年 4 月　広島大学法学部教授
2002年10月　法学博士（広島大学）
2004年 4 月　早稲田大学大学院法務研究科教授（現在に至る），広島大学名
　　　　　　誉教授
　　　　　　日本刑法学会監事，日本医事法学会前代表理事，日本生命倫理
　　　　　　学会前代表理事

〈講演録〉

医事法学へのまなざし
──生命倫理とのコラボレーション──

2018(平成30)年 6 月30日　第 1 版第 1 刷発行

著　　者　甲斐克則
発行者　今井　貴
発行所　株式会社 信山社

〒113-0033 東京都文京区本郷6-2-9-102
Tel 03-3818-1019
Fax 03-3818-0344
info@shinzansha.co.jp
出版契約 No. 2018-7014-3-01010　Printed in Japan

Ⓒ甲斐克則，2018　印刷・製本／亜細亜印刷・渋谷文泉閣
ISBN978-4-7972-7014-3-01010-012-040-010　C3332
分類328. 700. b008 P244. 医事法

JCOPY 〈Ⓒ出版者著作権管理機構　委託出版物〉
本書の無断複写は著作権法上での例外を除き禁じられています。複写される場合は，
そのつど事前に，(社)出版者著作権管理機構（電話03-3513-6969，FAX03-3513-6979，
e-mail：info@jcopy.or.jp）の許諾を得てください。

◆ 法律学の未来を拓く研究雑誌 ◆

憲法研究　辻村みよ子 責任編集
〔編集委員〕山元一／只野雅人／愛敬浩二／毛利透

行政法研究　宇賀克也 責任編集

民法研究　第2集　大村敦志 責任編集

民法研究　広中俊雄 責任編集

消費者法研究　河上正二 責任編集

環境法研究　大塚 直 責任編集

社会保障法研究　岩村正彦・菊池馨実 責任編集

法と社会研究　太田勝造・佐藤岩夫 責任編集

法と哲学　井上達夫 責任編集

国際法研究　岩沢雄司・中谷和弘 責任編集

ジェンダー法研究　浅倉むつ子 責任編集

EU法研究　中西優美子 責任編集

法と経営研究　加賀山茂・金城亜紀 責任編集

医事法研究　甲斐克則 責任編集　（近刊）

—— 信山社 ——

死ひとつ　唄 孝一

第1編 母亡ぶ
　発病から死亡までの3日間の記録
　診断及び看護における問題点をふりかえる
　主治医との話しあいを求めて
　解剖結果を求めて
第2編 自我と母と家と世間
　「孝行息子」の親不孝
　三つの映画─扶養問題を解決するのは法ではない）
第3編 医療の前後
　医療における法と倫理
　医療をいかに裁くか─法律の立場と医療の進歩

不帰の途　脳死をめぐって　竹内一夫

医療、生命倫理、法律などに関わる方々必読の書。日本の脳死判定基準を定めた著者が、いかなる考えや経験をもち、「脳死」議論の最先端の「途」を歩んできたのか、分かり易く語られた、今後の日本の「脳死」議論に欠かせない待望の書籍。

生と死、そして法律学　町野 朔

法律学は、人間の生死にいかに向き合うか。刑法、医事法、生命倫理など広い視座から、長く第一線で研究を続ける、町野朔教授による、40年の論稿を1冊に集成。よりよい将来社会の構築のために必読の文献。

生殖医療と法　町野朔・水野紀子・辰井聡子・米村滋人 編集

生命倫理と法、医療と法を考えるための重要資料集。政府の報告書、弁護士会の意見書、医学会の指針、日本学術会議の報告書、親子関係をめぐる裁判例などを収載。信頼の編集陣による解題も掲載した研究、実務、学習に必備の資料集。

生命科学と法の近未来　米村滋人 編集

生命科学の営みを、いかなる法制度として確立すべきか──生命科学の課題を的確に捉え、今後の適正かつ安定的な発展に向けて、「近未来」の方向性を提示。

━━━ 信山社 ━━━

◆ 医事法講座 ◆

医療に携わる全ての方々へ、必読のシリーズ

1　ポストゲノム社会と医事法
2　インフォームド・コンセントと医事法
3　医療事故と医事法
4　終末期医療と医事法
5　生殖医療と医事法
6　臓器移植と医事法
7　小児医療と医事法
8　再生医療と医事法

ブリッジブック医事法〔第2版〕 甲斐克則 編

要点をクリアに説明、読後の学習へのステップ・アップを見据えた新感覚の入門書。
定評の医事法テキストが待望のアップデート！

刑事コンプライアンスの国際動向

甲斐克則・田口守一 編

企業の実態調査・意識調査を行い、それをもとに精緻に理論的分析を図る、会社実務
から研究・立法政策まで、幅広く有用の書

信山社